Sa ki nan liv la

TABLE OF CONTENTS

Nou menm ki pa mouri

Senkyèm nimewo Alaso sa fèt pandan latwoublay ak lapèrèz pran yon lòt nivo nan Pòtoprens: tout aktivite kanpe. Nan moman n ap fini nimewo sa (Mas 2024), kapital la ki te preske koupe ak rès peyi pa mwayen wout nasyonal yo, koupe tou pa avyon . Sila yo ki te konn pran avyon, pa kapab fè sa ankò, Y ap veye anwo anba, janbe danje nan wout, pran mòn Jakmèl oubyen jwenn yon raketè pou jwenn yon tikè tèt nèg, pou elikoptè swa okap, Jakmèl oubyen nan panyòl. Men se yon pati nan peripesi a. Fòk ou gen nan men w, oubyen jwenn yon moun ki konn yon moun pou ba w fè ladesant pou yon pil lajan nan yon vil ki pa byen apwovizyone kote pri yo men wotè. Oubyen resi jwenn yon vol ak yon prix ponya pou mayami. Nan nivo sa, ou pa bezwen konn yon moun ki konn yon moun, tès sa pi difisil, fòk ou gen Gral la: yon viza Ameriken oubyen Biden.

Nan kontèks sila, li t ap fasil pou nou chwazi yon tèm ki rezonnen ak aktyalite a, men nou t ap fè yon erè sou aspè pwovizwa sitiyasyon an. Latèrè enplisit chak jou a, ki te limite nan kèk, deplwaye kò l tout kote. Si nou pa pran dimansyon kouch vyolans, larankin ak enjistis ki anpile sou plizyè dizèn lane yo, li ap fasil pou nou lage nan yon nostalji ki pote mak revizyonis ak kolonyalis "pèl dè zantiy" jan nou ka wè sa sou rezo sosyal yo, kote se pa jistis sosyal ki konte men posibilite pwodui imaj pou "fasonnen yon istwa". Senkyèm nimewo sa, *Dous* [plezi/anvi], pa yon echapatwa men yon mannyè pou pèsiste nan pwojè espas panse feminis lan reprezante: kenbe liy lan menm lè van an vire. Alaso, pa ni yon revi aktyalite ni yon jounal, li pa oblije pote repons pou yon moman, men antanke antoloji feminis li dwe yon espas pou *yon moman*. Chak nimewo bay tèt li kòm travay mete limyè sou prezan an, sou pase ,men tou sèvi achiv pou demen pou rive bay endis sou moman li te fèt la.

Nou abòde tèm Dous, plezi ak anvi a, nan nimewo sa sou yon echèl pèsonèl, entim ak politik ki pafwa makonnen. Kanè a tanmen ak twa loreyat nou seleksyone apre yon apèl pou nou resevwa tèks. Melissa Paultre pwopoze yon powèm sou plezi konsantman bay. Ruth Dharwina Valmyr analize ideyal ak estereyotip ki dèyè "fanm Okap dous", epi otèz dramatik Andrise Pierre rapòte nan vwa yon fanm, tout moman rate ki tabli yon rapò pwoblematik epi boulvèse ak kò epi seksyalite yo. Thara Layna Marucheka Saint Hilaire ki se yon militan, otèz feminis madivin ofri n moman vilnerabilite ak yon entimite politik Nan lèt li ekri pou sè li yo kote l ap esplike kijan lesbofobi ann Ayiti an anprizonnen, mete baboukèt epi fè vyolans. Gen yon bèl tranzisyon ki fèt apre sa ak kopi yon ekstrè liv

We, who are not dead

This fifth issue of *Alaso* comes to life at a time when chaos and terror have reached a new threshold in Port-au-Prince: that of paralysis. The capital, almost completely cut off from the rest of the country by the main national roads, is also cut off by air at the time of publication of this issue (March 2024). Those who *could* manage to no longer can, not even by plane. The options are: risk the road, traverse the mountains of Jacmel, or find someone who knows someone who can buy an overpriced ticket for a helicopter to Cap-Haïtien, Jacmel, or the Dominican Republic. But this is only part of the journey because first, you must actually have the means. Or you have to know someone who knows someone who can pay for accommodations in sparsely resourced cities, where prices are unaffordable, and wait for a seat to become available on an even more expensive flight to Miami. At this point, there is no need to know someone who knows someone; the game is more perilous. Now, one must possess the Holy Grail: a visa for the United States or an approval from Biden.

It would have been easy to opt for a theme that resonates with current events, but that would be to misunderstand the momentary aspect of the situation. The implicit, daily terror, previously limited to certain spaces, has now spread everywhere. And if we do not appreciate the depth of the complex layers of violence, resentment, and injustice spanning decades, it will be easy to flounder—as seen in the colonialist nostalgia on social media marked by the revisionism of the "pearl of the Antilles." We then risk entering a space where it is not social justice that counts but rather the desire to produce images for storytelling. This fifth issue, *Dous* [pleasure/desire], is not an escape from reality but the continuity created by the space that feminist thought represents: holding the line in the face of opposing forces. *Alaso*, not being a news magazine or a newspaper, does not have the imperative to respond to the events of the moment, but as a feminist anthology, it must be a space for a moment. Each issue tackles this to shed light on the present and the past but also to act as an archive and serve as a benchmark for the moment of its creation.

Dous, pleasure/desire is addressed in this issue on personal, intimate, and political scales, or sometimes all three intertwined. It opens with three winners selected from the open call for submissions: Mélissa Paultre offers a poem on the pleasure stemming from consent, Ruth Dharwina Valmyri analyzes the archetype and stereotype behind "fanm Okap dous", and the playwright Andrise Pierre relates, through a woman's voice, all the missed inivèsitè, otèz Myriam J.A. Chancy ki rele *subversive sexualities*, ki analize ki jan oryantasyon fanm ak idantite seksyèl yo diferan de nòm yo nan karayib la nan jan yo depase, travèse epi reziste ak dominasyon patriyakal la e plis toujou. San nou pa bliye entènèt la ki pwodui yon dividal imaj, imajinè ak diskou sou anvi, plezi ak seksyalite men li rann edikasyon seksyèl la pi aksesib tou. Micaëlle Charles te chita pale ak fanm ki fonde STZL a, yon paj popilè anpil moun swiv sou *instagram*. Diskisyon sa a te pèmèt nou konprann kòman yon espas ki louvri e ki piblik kapab yon espas san danje pou pale seksyalite ki santre sou fanm.

E kòm plezi pa chita sèlman sou seksyalite men ransanble plizyè domèn tankou mizik, yon tèm santral nan lakilti ann Ayiti kote fanm yo majinalize. Se konsa n ap jwenn yon antrevi kwaze Gaëlle Bien-Aimé fè ant Tafi Mi-Soleil ak Nathalie Joachim; yon ti moman dousè, entim ak kè kontan. Si tèm nimewo sila se yon chwa ki montre volonte pou nou kontinye vanse nan menm direksyon an, li fè yon ranmase sou sa ki ap fèt dèyè miray paj sa yo. Se konsa nou fini nimewo a ak yon rezime sou edisyon 2023-2024 sik fòmasyon etid feminis jan ak seksyalite, Nègès Mawon te inogire nan mwa dawout 2023 a. Anaïse Hector ak Dashka-Rheyna Charlemagne rapòte sou dewoulman sik la, yo kontre ak kèk patisipan premye edisyon ki te gen seminè Yanick Lahens, Rose-Myrlie Jospeh, Darline Alexis, Danièle Magloire ak mwen menm.

Pandan nou kranponnen ak mo powèt entèlektyèl Black Feminist June Jordan yo: *"kèlkeswa trajedi a, kèlkeswa dèy la, kèlkeswa tchalenj malouk yo. Gen nan nou ki pa t mouri. Gen nan nou ki pa mouri… E kisa nou dwe fè, nou menm ki pa mouri yo?"*

Distans pou nimewo sa enprime epi distribiye, nou paka fè pwonostik sou sitiyasyon Ayiti a, "Ayiti s on tè glise" ki chape nan men nou chak fwa n panse nou sènen li men nou konnen nou dwe kontinye vanse.

Fania Noël

SE ANNE-DORIS LAPOMMERAY
KI TRADWI TÈKS SA
LANG SOUS: FRANSÈ

appointments which created a problematic and unsettling relationship with the body and sexuality. Lesbian feminist activist and author Thara Layna Marucheka Saint Hilaire offers us a moment of vulnerability and political intimacy with her letter to her sisters, explaining how lesbophobia in Haiti is imprisoning, violent, and restrictive. This offers a perfect transition into an extract from the book by academic and author Myriam J.A Chancy, *Subversive Sexualities*, which analyzes how queer women in the Caribbean transgress, subvert and resist patriarchal domination and beyond. Not to mention the internet, which massively produces images, fictions, and discourses on desire, pleasure, and sexuality, while at the same time popularizing sexual education. Micaëlle Charles speaks with the founder of the very popular Instagram page STZL, discussing how an open and public space can also be a safe space to talk about sexuality, centering women.

And because pleasure is not only relegated to sexuality but encompasses other phenomena, such as music - which is a central pillar of Haitian culture and a field where women continue to be marginalized - in this issue, you will find a cross-interview between singers Tafa Mi-Soleil and Nathalie Joachim, facilitated by Gaëlle Bien-Aimé: an interlude of sweetness, intimacy, and joy. If the theme of this review is a choice that illustrates the desire to maintain a course, this issue also returns to what is done beyond the confines of these pages and concludes with a look back at the 2023-2024 edition of the Training Series in Feminist, Gender and Sexuality Studies inaugurated in August 2023 by Nègès Mawon. Anaise Hector and Dashka Charlemagne, the two reporters covering the series, met participants of this first edition, which hosted the seminars of Yanick Lahens, Rose-Myrlie Joseph, Darline Alexis, Danièle Magloire, and myself.

Grounded by the words of the poet and Black feminist intellectual June Jordan: *"Regardless of tragedy, regardless of the grievance, regardless of the monstrous challenge. Some of Us Have not Died. Some of us did not die… And what shall we do, we who did not die?"* Such is the current position of the journal.

Until the publication of this issue, we cannot make any predictions about the situation in Haiti, "Ayiti yon tè ki glise" which slips away when we think we understand, but we know that we must continue to do so.

Fania Noël

TRANSLATED BY
NATHALIE CERIN
FROM FRENCH

SKDD
(Sa ki ta dwe demontre)

RUTH DHARWINA VALMYR

SE ANNE-DORIS LAPOMMERAY AK RUTH DHARWINA VALMYR KI TRADWI TÈKS SA LANG SOUS: FRANSÈ

QED
Quod erat demonstratum
RUTH DHARWINA VALMYR
TRANSLATED BY
NADINE MONDESTIN
FROM FRENCH

Fanm Okaaap, yo douuuuus! Oubyen: èske sa m tande yo konn di sou fanm Okap la se vre? Konbyen fwa mwen tande gason klewonnen fraz sa yo, osinon poze kesyon sa yo? Konbyen fwa gason pèmèt yo pale sou seksyalite m, sou mwen, devan je m kòm si mwen pa te la! Siman yo t ap chèche yon repons, oubyen yo te dèyè kwaze je m, pou yo tou pwofite mande m reyalize pi gwo fantas yo ki se "kouche yon fanm Okap"! Mwen pa ka konte konbyen fwa yo mete so ti cholin ki gouye byen, souse byen sou mwen; ni konbyen fwa yo mete so fanm ki gen bèl fòm bouda kanpe, ki ka voye yo dwat nan setyèm syèl sou mwen. Mwen pa fouti di nou. Mwen pa sonje premye fwa mwen kontre a kalite pawòl sa yo ki toujou mete m malalèz, jennen m epi anbarase m. Pyès moun pa t prepare m pou sa. Paran m pa te konnen, oubyen, yo pa te panse mwen t ap gen pou fè fas kare ak kalite imilyasyon sa yo. Se toujou pitit lòt moun sa ap rive paske yo pa abiye jan yo ta dwe, yo twò soumoun, twò anwèpip. Pi mal toujou, yo cho dèyè gason pou laj yo, paran yo pa leve yo byen. Men dapre yo, mwen menm mwen jwenn yon bon ledikasyon, kidonk, bagay sa yo p ap janm rive m.

Lè m vin gen 21 lanne, mwen vin etidye Pòtoprens. Jèn fanm Okap ak tout jèvrin mwen, tout anvi aprann mwen, epi tout anvi kòmanse yon nouvo chapit nan lavi m; lwen relasyon toksik, lwen siklòn separasyon paran m yo. Malgre m te sèl pitit, mwen konnen mwen te dwe lage pye m pou m sove ale lwen, kidonk mwen pa bezwen di nou jan mwen te kontan lè manman m di m: "Bon, Dawin, m ap fè w monte Pòtoprens". Lè m enskri inivèsite Quisqueya pou mwen aprann syans politik, aksan Okap mwen an te konn fè ni gason ni fi ri. Mwen te menm konn jwenn rabè nan men machann pou yon senp "ake m, afèranm".

Men bagay la vin mangonmen byen rapid. Blag yo vin tounen fetichizasyon ak seksyalizasyon. Nan inivèsite a, mwen pa t yon moun ankò, mwen tounen yon kou pou yo teste, yon enfòmasyon pou yo verifye, yon SKDD. Jounen jodi a, mwen regrèt mwen pa te jwe sou sa pou m te ka jwenn byè, de ti soti ki te ka pèmèt mwen rankontre moun. Nou pa janm konnen ki sa mwen te ka jwenn! Gason toujou pare pou peye pou tout sa ki ka pwouve lòt gason parèy yo jan yo gason tout bon. Taktik la danje vre, men mwen t ap vire li nan avantaj mwen kanmenm. Dayè, figi m te bon, kò m te bon, aksan m te bon.

Malerezman, mwen pa te gen ase odas. Kidonk, lè m te nan sitiyasyon kote yo t ap trete m tankou krèm konè vaniy, olye pou mwen sèvi ak sa kont yo, mwen chape poul mwen. Pou yon fi tankou m, nan moman sa yo, ou santi w tankou yon bawòk. Tankou yon fanm esklav yo te vann byen chè epi ki fè kolon blan yo bave. Yo t ap mache di mwen t ap kouche adwat agòch, yo t ap rele m « I dou pa. » Genyen ki menm konn ap montre lòt, swadizan videyo

"Fanm Okaaapp, yo douuuuuss!" Or again: *"Eske sa m tande yo konn di sou fanm Okap la se vre?"* How many times I've heard men belt out phrases and questions like these at me! How many times men had the nerve to speak about my sexuality and myself in the third person, as if I wasn't there! They were obviously looking for an answer, a simple look that would let them to ask me to make their greatest fantasy come true: *"Fuck a Capoise!"* How many times have I heard them label me a slut, who knows how to shake her ass, who knows how to suck it good, with voluptuous curves; a one-way ticket to seventh heaven! I wouldn't know. I don't remember the first time I experienced this situation that made me uncomfortable, embarrassed, and awkward each time. Nobody prepared me for this. My parents didn't know about it, or just maybe thought that I'd never face this type of humiliation. This always happens to other people's children because they didn't dress right, were too *"soumoun"*, too *"anwipip"*; or worse, *"yo twò cho sou gason pou laj yo"*, they weren't raised right. But according to them it wouldn't be like that for me because I was raised well and therefore this type of thing couldn't happen to me.

At 21, I came to Port-au-Prince for my studies. I was a young Capoise, bursting with enthusiasm, eager to learn, to start a new life far from the toxic hurricane of my parents' separation. As an only child I just knew that I had to escape, and jumped for joy when my mother told me: *"Bon, Dawin, m ap fè w monte Pòtoprens."* Arriving in Quisqueya to study political science, my fresh accent made some people laugh. Vendors would give me discounts just for an ordinary *"ake m, afèr an m."*

But all that went south very quickly. Jokes turned into fetishization and sexualization. At university I was no longer a person, but fresh meat one absolutely had to test out, confirm a hypothesis, a QED. Today I regret not having leveraged it to hustle free drinks and get into events that would have broadened my social life. And who knows what I could have gotten out of it! Men are always ready to pay for anything that would be a masculinity boost to their peers. A dangerous ploy, but I would have known how to use it to my advantage. Plus, I had the face, the curves, and the accent.

Unfortunately I wasn't bold enough. As a result, when I found myself in situations where I was reduced to a dessert dish, instead of using it against them I would run off. For a girl like me, in those moments you feel like a circus freak. Like a slave auctioned off to the highest bidder while white men drooled salaciously. People would randomly say I slept around, shouting "Hot stuff!" at me. Some even showed others purported videos of me taken from behind. Some young women told me to stay away from

mwen yo te pran etan m bay do. Menm gen fanm tou ki t ap di m pa pwoche bò mennaj mwen: *paske tout moun konnen sa fanm Okap peze*. A chak fwa, mwen t ap kache janm anbarase, poutan, mwen pa konn pa ki mirak ki fè sa pa t rive met baboukèt nan seksyalite mwen. Byen ou mal, mwen te apèn rive ofri tèt mwen toutbon bay yon sèl grenn gason. Pa chans, li te jis jan li te dwe ye a, e m te rive epanouyi m avè l. Epitou, mwen te vin konprann byen vit nèg Okap yo pa konn anyen nan kesyon fè lanmou. Ti lespri yo kwense, yo pa ka bay bon lanbe! Yo egoyis sou kabann e yo vyolan apre rapò yo. Yo te toujou ap eseye fè m santi mwen koupab pou tout bagay, sitou paske mwen te kirye. Gen anpil fwa m te menm panse mwen te frijid, paske m te toujou ap blese nan pati entim mwen.

Yo di Pòtoprens se yon kote moun konekte. Kote moun pa jije moun, kote chak moun ap regle zafè yo. Manman m te toujou ap di m: "Se sa k fè anpil fi ale Pòtoprens pou y al fè bouzen" pandan l ap pran yon jèn fanm sou katye a kòm egzanp. "Pòtoprens gran, Okap se yon pla men, tout moun konn tout moun…". Tout jan, nou menm fanm pa janm pran souf. Okap, si ou se yon fanm ki pa ale nan menm sans nòm sosyal ak seksyèl yo, ou se yon bouzen. Nan sid peyi a, ou reprezante deyès ki bay bon ti bèf e ki gen vajen sere kote myèl ap koule. Sa siman pral desevwa nou, men se pa vre. Antouka pa pou mwen. Se Pòtoprens mwen aprann konn tèt mwen, pèmèt tèt mwen tatonnen, dekouvri, eseye nouvo bagay epi pran plezi. Mwen p ap kapab bay rakontay yo la, pito m kite n imajine.

Yon lòt bò, m ap repanse ak tout nèg, ki apre chak seyans, kou nou fini ki di: "se premye fwa m ak yon fanm Okap! Finalman sa yo di a se vre." Kidonk se te yon tès, yon demonstrasyon fizik ki charye tout repitasyon fanm Okap. SKDD a. Fòk mwen avwe, gen de moman m pa konn ki jan pou m reyaji fas a sa. Sa menm rive kèk fwa, mwen antisipe epi mwen menm ankò ki poze menm kesyon ki konn jennen m nan, tankou yon imoris ki ap trip sou pwòp tèt li.

Loray gwonde lapli tonbe, jouk jounen jodi a, mwen pa chanje aksan, bon, m pa chanje aksan nèt, e m pa chanje l paske m vle tou. E depi mwen louvri bouch mwen, yo reponn: "Fanm okaaaaaapp…". Yon mesaj *"chat konnen rat konnen barik mayi a rete la"*, tout fanm Okap tande deja. Pandan m ap panse a sa kounya la, èske se pa yon manipilasyon menm jan ak fab Lafontaine lan, pou "kaw" la ka jete fwomaj la? Paske mwen wè e mwen tande fanm Okap ki ap repete mesaj sa a tou. E mwen konnen genyen nan yo ki itilize l pou yo ka pran lajan nan men gason, men malerezman gen anpil l lòt, mesaj la vin fè yon sèl ak yo.

their boyfriends because everyone knows what Capoises are capable of. As always, I hid my embarrassment, but I still don't know by what miracle this didn't affect me sexually. However, I only really offered myself to one man. Luckily, he was just right and I was able to blossom with him. Also, I quickly understood that Capois were bad in bed. Uptight and bad at cunnilingus! They were both selfish lovers and got violent after sex. They always tried to make me feel guilty about everything, starting with the fact that I was curious. My vulva was so often bruised I thought I was frigid.

Port-au-Prince is said to be a place of social cohesion. Where no one judges you and people mind their business. *"Se sa k fè anpil fi ale Pòtoprens pou y al fè bouzen,"* my mom would always say, using a young woman from our neighborhood as an example. *"Pòtoprens gran, Okap s on pla men, tout moun konn tout moun..."* Either way, we women never get a break. In Cap-Haïtien, if you're a woman who frees herself from social and sexual norms, you're a slut. And if you head south, you're obviously the living incarnation of the goddess of good blowjobs and tight vaginas overflowing with honey. This will probably disappoint you: but it's not true. In my case, it was in Port-au-Prince that I got to know myself, that I let myself feel out, explore, try new things and have fun. I'll spare you the juicy details and let your imagination run wild.

In fact, I still think about the lovers who would say after our trysts: "It's my first time with a Capoise! *Finalman sa yo di a se vre.*" So it was just an experiment, a physical test-run on which the entire reputation of Capoises lied. QED. I admit I don't know what to make of these moments. So much so that I sometimes surprise myself by preemptively asking the same question that annoys me so. Like a self-deprecating comedian.

Against all odds, I haven't changed accents, or at least not completely, nor deliberately. And as soon as I open my mouth people say: *"Fanm Okaaaaaaapp...",* a subliminal message that every Capoise has had to face. Now that I think about it - could this reputation be a form of manipulation, a bit like in the La Fontaine fable, so that "the crow" gets rid of his cheese? Because I've also seen and heard Capoises repeating this trope. I know that some use it to squeeze money from men, but others have definitely and quite unfortunately internalized it.

Konsantman

MÉLISSA PAULTRE

SE GAËLLE BIEN-AIMÉ
KI TRADWI TÈKS SA
LANG SOUS : FRANSÈ

Consenting

MÉLISSA PAULTRE

TRANSLATED BY
NADINE MONDESTIN
FROM FRENCH

KONSANTMAN

Dwèt ou plòtonnen ak m pa m
Pou fè m santi sa w santi
Ou pran men m
Pwoche dwèt mwen nan bouch ou
Ou kanpe
"Mwen te mèt?"
Yon soupi
"Wi"
Ou akeyi m nan chalè w
Anba karès Lang ou
Eksitasyon souf ou
Sou ponyèt mwen
Dwèt mwen mouye etan l disparèt yon kadè
Al bouske lòt plezi

Ou pwoche
Bouch louvri
Map tann
M souke tèt
« Wi »
Bouch ou karese m
nan fwon an
bò tanp lan
sou machwè a
sou bouch la
"Wi"

CONSENTING

Your fingers wrap around mine
Communicating your desire
You raise my hand
Bringing my fingers to your mouth
You stop
"May I?"
A sigh
"yes"
You welcome me into your warmth
Your caressing tongue
Your exciting breath
Against my wrist
My wet finger strays for a moment
Searching for other pleasures

You come in closer
Lips parted
I wait
Nodding
"yes"
Your lips brush against me
Forehead
Temple
Cheek
Mouth
"yes"

KONSANTMAN

Janm mwen plòtonnen nan senti w
Dwèt ou ap flannen sou bra m
Depi nan ponyèt rive nan koud
Apre sot nan koud al sou zepòl
Lonje salyè m
Je nan je
nan yon lachuichui
"Mwen te mèt?"
Dwèt ou pran wout tete m
Yon panche
Yon alsiyis
"Wi"

Lang ou pran gou sèl bò kou m
Bouch ak dan w mele
Dwèt ou tabli l sou tete m
Yon sousad tèt chaje
Chè de poul
M souke tèt
Ase…
Pa fè koka bò kou m
Yon respire
« Non »

Tout bagay kanpe sèk
Je nan je
Bra pandye

CONSENTING

My legs wrap around your waist
Your fingers run along my arms
From wrist to elbow
Then from elbow to shoulder
Then along my collarbone
Eye to eye
You whisper
"May I?"
Your fingers sliding towards my breasts
An arch
A groan
"yes"

Your tongue laps at the salt of my neck
Your lips, your teeth join in
Your fingers on my breasts
A sucking so intense
A shiver
I shake my head
Too much…
No marks on my neck
A breath
"No"

Everything stops

KONSANTMAN

yon kesyon kanpe kin nan mitan kò nou
M panche sou ou
Yon kesyon sou pwent bouch mwen
"M te mèt?"
Yon souri sou bouch ou
"wi"

Tete touni
Mwen pote tèt mwen ba ou
"wi"
bay dwèt ou
bay bouch ou
bay dan ou
"Wi"

Charye
Nan vag pasyon ki kapote n
pye m pèdi tè
Dwèt mwen ap frite
Sou kò w
eksploratè fouyapòt
Ki lage kò yo
Zong mwen trase yon chimen dife sou po do w
Pèdi sonje m yon bat Je
Yon tanpe ki t'ap geri
Ki jouke n youn ak lòt
Yon jemisman doulè

CONSENTING

Eye to eye

Arms dangling

A question settles in the space between our two bodies

I lean towards you

On my lips a question

"May I?"

On your lips a smile

"yes"

Breasts bare

I offer myself to you

"yes"

To your fingers

To your mouth

To your teeth

"yes"

Swept away

By the wave of our passion

I lose myself

My fingers wandering

Over your body

Curious explorers

Caution to the wind

My nails tracing burning paths along your back

Forgetting for a moment

The healing tattoo

KONSANTMAN

Yon kò rèd

« Non »

Tout bagay kanpe

Men mwen toutouni

Souf mwen wo

San kò w ki vlope m mwen deparye

Ou souffle nan zòrèy mwen

Pa manyen do a

Souri sou bouch mwen diw li konprann sa

M ap gadew ak flanm nan je

Mwen souke tèt

"wi"

Bouch ou kap souri pwoche bò m

"M te mèt?"

M miyonnen w nan bra m

Kò m pare pou yaya nan chalè w

« Wi »

CONSENTING

That binds us to each other
A painful moan
A stiffness
"No"

Everything Stops

Here I am naked
Panting
Stripped of the covering of your body
You whisper in my ear
"not my back"
An indulgent smile on your lips
Your gaze fiery
A nod
"yes"
Your smiling lips come closer to mine
"May I?"
Wrapping you in my arms
My body arched towards your warmth
"yes"

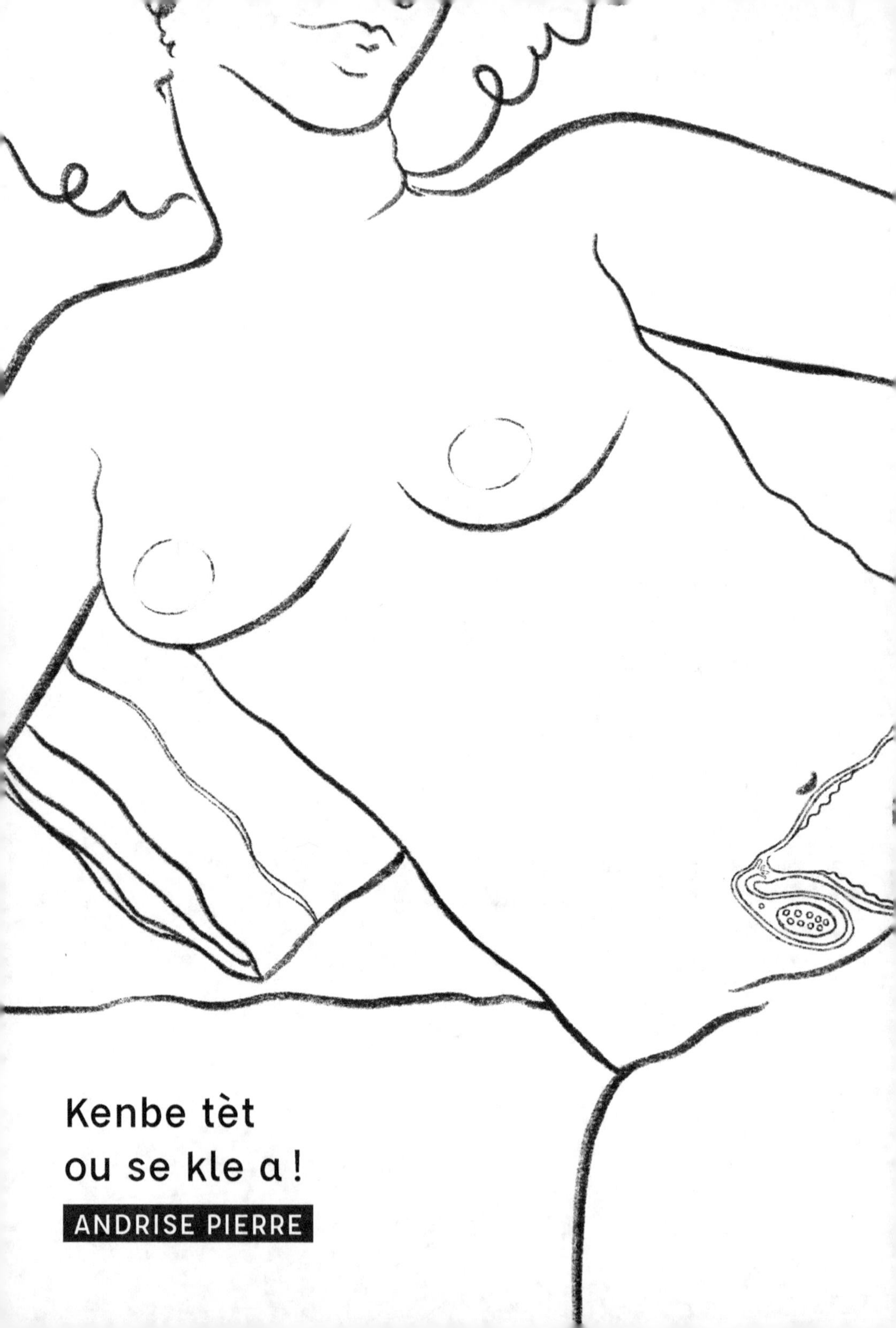
Kenbe tèt
ou se kle a !
ANDRISE PIERRE

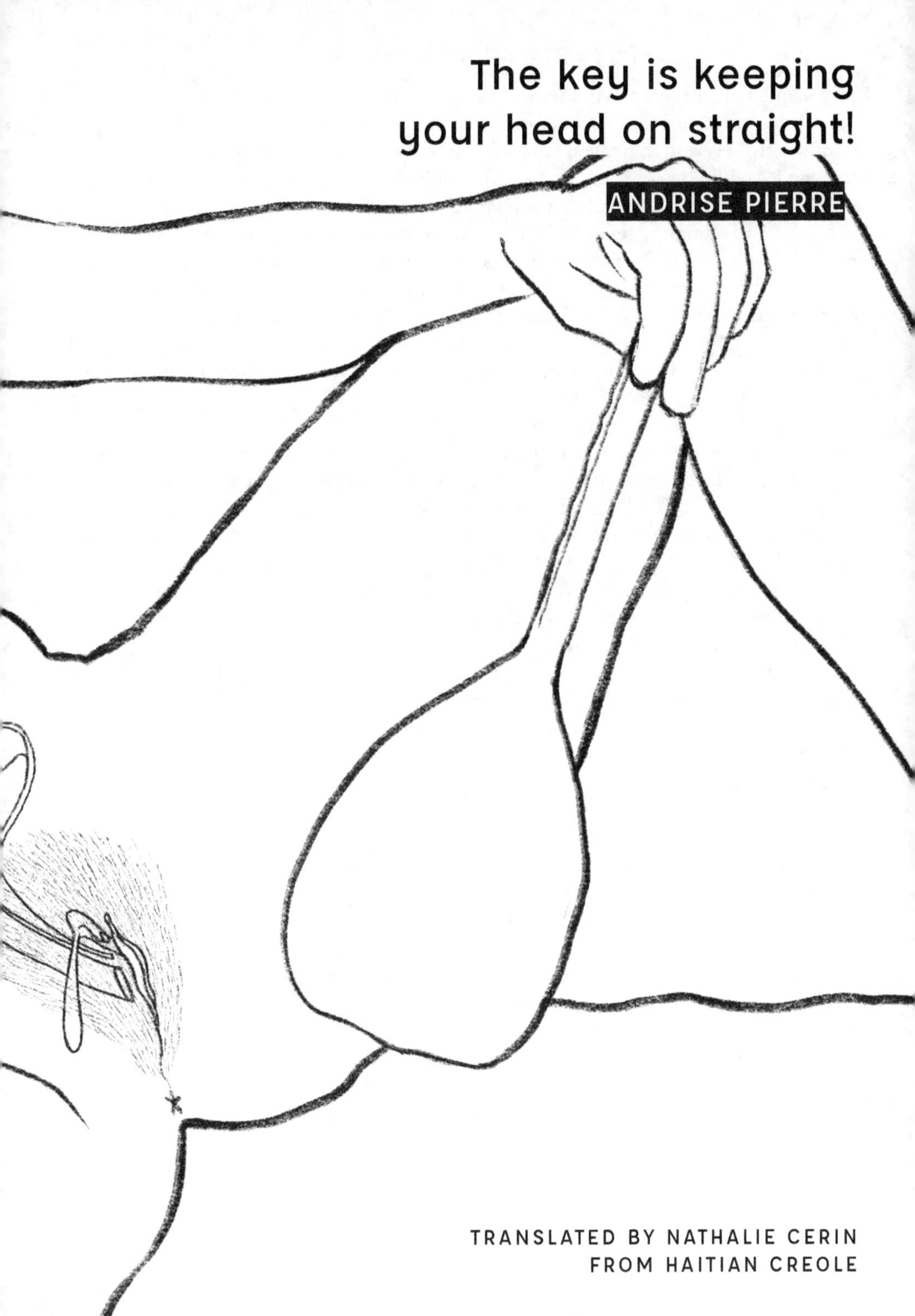

The key is keeping
your head on straight!
ANDRISE PIERRE
TRANSLATED BY NATHALIE CERIN
FROM HAITIAN CREOLE

M gen ant senk ak setan. Manman pa benyen m ankò. Se laj pou m aprann pa gaspiye savon nan lave sèl vant mwen. Yon ti kivèt ki pou mwen pou kont mwen, sèvi pou m benyen epi lave kilòt mwen. Manman m ap vide dlo pandan l ap dikte m tout pati nan kò m ki poko savonnen : Figi w se paspò w ! Bay anba bra w de savon, pou w pa mache santi fò. Kras fè mikalaw nan tout je pye w, tèlman w fè lago ! M bese, manman m kenbe po dlo a ak yon men, ak lòt men an, l ap desine jès ak mouvman m dwe swiv pou m fè twalèt de ba m. Anwo. Anba. Pla men w dwe ouvè. Kole senk dwèt yo ansanm. Anwo. Anba. Fè anpil atansyon pou w pa blese tèt ou ! M pa gen plis pase setan, men mwen konnen bouboun mwen se yon pati apa nan kò m. Lakay la, yo rele l tout jan, sof nan non l : koukoun, chouchoun, foufoun… Bouboun se gwo mo.

M pouse, m pouse. Chak tete m gon ti boul. Youn boujonen pi vit pase lòt. M tonbe nan lapriyè pou yo egal. Lapriyè pou yo kanpe. Lapriyè pou yo gwo men pa twòp. Sou do bouboun mwen, de ak twa branch pwèl enstale ap rele lòt. M pa renmen fòm mwen. Bouton anvayi tout figi m. M wont. M santi m lèd. Manman m pran ti chèz ba l, l ap tann premye règ mwen nan fè m leson chak jou Bondje mete : Sere ti chouchoun ou pou chen pa manje l ! Grandi sa se twòkèt malè. Lago a sispann. Al achte fritay nan aswè kay sè Mari a sispann. Kanpe nan kafou a, bay blag ak Anarya sispann. Se moman pou m evite ti gason, gwo gason ak ti bout pantalon : Tifi ak ti gason se gazolin ak alimèt. Manman rakonte m lè li t ap fè m, doktè te oblije ba l pasay ak sizo. Li pote yon mak kouti ki se senbòl sakrifis li. Aksyon rapouswiv pawòl, li ouvri pye l men lajè, li montre m kote pitit soti : « Depi w lage nan ti gason, ou pèdi, m ap konnen, m ap wè l nan je w, nan mach ou. Kenbe tèt ou se kle a ! »

Pa fi a rele vajen. Pa gason an se peni. Nan liv biyoloji a, nou dekouvri chapit sou repwodiksyon avan kou a. Youn di lòt paj yo. Leson an pa enterese pèsòn. Tout aktyalite a chita nan lejann yo. Aparèy jenital fi a tankou son karaf ak de manch, li pa sanble ak sa je nou konn wè. Pa gason an konplè. Epi, se pa reprezantasyon peni ki manke. Mi twalèt lise a ka temwanye. Kit ou gen don ou pa, gen de desen ou konn fè : ti tonton tèt won, kò, pye, men an ti baton ak gigit, chif twa kouche sou do, nan mitan l yon demi lozanj kanpe pèse ak yon ti bwa. Pou mwen, avan ti mesye yo te kòmanse debat sou ti tou, gwo tou, tout bouboun te sanble : lèd. Epi, aprè sa… nan tèt mwen, nan kò mwen, gwo konplèks ap lote ti konplèks.

I am between five and seven years old. Manman no longer bathes me. It's the age where I should know better than to waste soap by building suds on my belly. There is a small basin for me, only me, so I can wash myself and my panties. Manman pours water while instructing me what parts of my body haven't gotten enough soap yet: *your face is your passport! Go over your armpits twice so you don't walk around smelling bad! You have mounds of dirt on your ankles from playing too much tag!* I crouch down. Manman is holding the water pot with one hand, and with the other, she is demonstrating the hand movements I should follow to wash my crotch area. *Up. Down. Open palm, fingers together. Be very careful not to scrape yourself!* I am no older than seven, but I know my *bouboun* is a special part of my body. At home, they call it everything but its name: *koukoun, chouchoun, foufoun… bouboun* is a big word.

I grow and grow. Each of my breasts has a little ball in it. One is growing faster than the other. I pray profusely for the other to catch up and make them even. On my *bouboun*, two or three strands of hair have made themselves at home. I hate my body shape. Pimples have taken over my face. I am ashamed. I feel ugly. Manman sits on her little chair, preparing for my first period by lecturing me every single day: *hide your little chouchoun* so dogs don't eat it! Growing up is a curse. The games of tag have stopped. Going out to buy fried food at Sister Mari's has stopped. Standing at the intersection, joking around with Anarya has stopped. It's time for me to avoid little boys, big boys, and short shorts: *boys and girls are gasoline and matches.* Manman tells me that when she was giving birth to me, the doctor had to cut her with scissors. She still has a scar, symbolizing her sacrifice. Active storytelling, she opens her legs wide to show where I came out from: "*Once you start messing with boys, you're lost. I will know because I will see it in your eyes, your walk. Keep your head on straight; that's the key!*"

The girl part is called vagina. The boy part is called penis. In our biology textbook, we found the chapter on reproduction right before class. We whispered the page number to each other. No one was interested in that day's lesson. All the buzz was about the chapter. The female genital apparatus is like a carafe with two handles, it doesn't look like what our eyes can usually see. The boy one is complete, though. And there was no lack of penis depictions around us; the school restroom walls boasted tons of them. Whether you were talented at drawing or not, everyone made the same drawing: a stick figure man with a round head, sticks for hands, a little penis: the number three lying on its back, in the middle stands a half-pellet pierced with a small stick. Before the boys started joking about tight holes and loose holes, all vaginas looked the same to me: ugly. And then after that… in my mind, in my body, small complexes and big complexes started forming.

Ti cheni tounen papiyon. Je m tonbe sou Don. Lè m wè ti gason sa, m tankou moun ki manje ti sale, tèlman mwen swaf dlo ! Son verite jeneral : Letènèl fè Donal ak de men l plis kè l. Se pa lòt ti mesye pèkmèl yo, ki tankou movèzespri k ap veye fanm pou sonde yo. M kreye yon mond kote mwen ak Don renmen. Chak woman Aleken m li, chak fim damou Oliwoud (Hollywood) , se istwa mwen ak Don k ap defile devan je m. Mwen machande tout pretèks pou m al achte nan boutik papa Donal la. Manman m sispèk. Madanm sa toujou sou men l : M konn gouyad tout ravèt ! Pinga okenn jèn fanm pran m pou egare ! Men vwa menas manman m yo pa pi fò pase swaf mwen. M fè kont parad mwen, danse tout dans, make tout pa. Nada. Se bagay ki difisil lè maladi w soufri a ou konn remèd la, doktè a, men w blije pran bal ou o fon… pou m pa parèt Tifi fasil. Ti cholin. Mouri, mouri w nan kè w !

Manman m pa t montre m anpil wout : Depi w fè bagay, w ap gwòs ! Tifi pa konn nan plede bay goute, nan plede bay goute ou p ap jwenn pou separe. M te dwe konnen m ka kouri menm si gen lapli, si m pè dlo m a pran yon padsi. Twòp tan pèdi nan fòse, nan mouri poul avan nou aprann règ jwèt la : bay siwo, rekòlte myèl. Malgre tout fwontyè m franchi, tout limyè wouj mwen etenn, m poko rive rekonsilye tout bon vre kò m ak dezi m : Pa mande twòp. Pa mande plis. Pa bay tout. Ou paka toujou sou sa !

M kanpe sou balkon an, m ap gade Riva k ap vòltije, fè soperiye ak gran plake. Manman m ap asiste ak gwo kout plenn. M souri, m kontan wè Ti flè k ap pouse. Epi kè kase manman an pran m. Pa gen jilè ase pwès pou pwoteje ni kont konplèks, ni kont seksis. Kijan epanye Riva ak pwa chèn mwen te pote yo, chèn m ap pote yo ? M swete Ti flè goute solèy, goute lapli. Si gwo van pa pote l ale, li va boujounen nan lawouze. Annatadan m prete ti chèz ba manman m nan : Pitit mwen vin fè ti koze ak manman w.

Little caterpillar transforms into a butterfly. My eyes fall on Don. When I see this boy, I am like a person who has just eaten salted meat, I was so thirsty! Accepted Truth: The Lord made Donald with their two hands and their heart. Donald is not like those other idiot boys waiting around like little demons to torment girls. I'm creating a world where Don and I are lovers. Every Harlequin novel I read, every Hollywood romance film, is the story of Don and me flashing before my eyes. I find any possible excuse to stop by Donal's father's shop. Manman is suspicious. Nothing gets past that woman: *I know how cockroaches dance! Beware, the young girl who takes me for a fool!* But my Manman's threatening voice is not stronger than my thirst. I parade myself, I dance every dance, and I never miss a step. Nada. Nothing is harder than knowing the illness you suffer from, knowing the cure and doctor you need, but being forced to keep it inside... so that I don't seem easy. Just die silently in your heart!

Manman didn't teach me any alternatives: *if you have sex, you'll be pregnant! Girls shouldn't let people taste left and right. If you keep giving freely, you'll have nothing left!* I should have known that I could run even if it rains, and if I'm afraid of getting wet, I could take an umbrella. We waste too much time forcing things, nipping things in the bud before learning the rules of the game: giving syrup, harvesting honey. Despite all the boundaries crossed, all the red lights extinguished, I still can't really reconcile my body and my desires: *Don't ask for too much. Don't ask for more. Don't give it your all. You can't always want it!*

I am standing on the balcony, watching Riva do flips, cartwheels, and somersaults.. Manman watches with a heavy sigh. I smile, happy to see Little Flower growing up. But maternal anxiety invades me. There is no weapon strong enough to protect against complexes or sexism. How can I spare Riva from the weight of the chains I have worn, the chains I carry? I wish for Little Flower to taste the sun, to taste the rain. If the gusts do not carry her away, she will bloom in the dew. In the meantime, I borrow Manman's little chair: *My little one, come and talk a little with your mother.*

Ti sè cheri m yo

THARA LAYNA MARUCHEKA
SAINT HILAIRE

SE ANNE-DORIS LAPOMMERAY
KI TRADWI TÈKS SA
LANG SOUS: FRANSÈ

Sisterly words
THARA LAYNA MARUCHEKA
SAINT HILAIRE
TRANSLATED
BY NATHALIE CERIN
FROM FRENCH

Ti sè cheri m yo,

Se ak tout kè m mwen ap ekri nou jodi a, antanke gran sè ki konprann defi nou ka konfwonte lè ou se yon jenn fi ki madivin. Mwen vle nou konnen nou pa poukont nou nan vwayaj sila. Ou ka gen lenpresyon pafwa monn nan pa konprann oubyen pa soutni moun ou ye a, men mwen la pou mwen pale ak ou.

Pandan m ap grandi ann Ayiti, mwen fè fas kare ak reyalite k kote lè ou madivin se yon tabou alawè pou ta egziste nan diskisyon piblik yo. Nan yon kontèks kote sosyete a bay etewoseksyalite plis valè e yo pini tout lòt diferans yo, pandan lontan, mwen te konn santi yon gwo malèz pa rapò ak pwòp anvi m ak seksyalite m. Mwen soti nan yon fanmi konsèvatè ki leve m nan legliz, yo te fòje m pou mwen kwè oryantasyon seksyèl mwen an te yon maladi mwen dwe kache, mwen dwe peze l yon kote.

Pandan plizyè lanne, mwen t ap fè la planch nan yon lanmè dout ak silans, mwen pa te menm konnen mo "lesbyèn" lan paske yo pa t sou je . Se tankou yo inyore egzistans nou, yo retire n nan reyalite sosyal Ayisyen an. Mwen te santi m poukont mwen nan yon twou e mwen te panse se sèl mwen ki te santi emosyon sa yo ki pa te rezonnen nan lantouray mwen.

Lè mwen fin konprann pwòp idantite m, chak fwa mwen tande mo madivin oubyen lesbyèn lan, yon anksyete ki anvayi m. Mwen te santi yon malèz nan tout kò m, tankou tè a t ap fann anba pye m. Lapèrèz te konn anvayi m akòz mwen pa te konn ki reyaksyon lòt moun yo te ka genyen, san nou pa bliye nòm sosyal yo ak maleng ki mache ak idantite sila. Ann Ayiti, rayisman ki gen pou moun ki lesbyèn yo mache ak yon seri zak malveyan ki fè anpil ravaj. Prejije yo kòryas e yo tabli nan nannan sosyete a kote moun ki oze diferan yo ap viv chak jou ki jou omofobi ak diskriminasyon.

Nou fè fas kare ak jijman brital, yo gade nou mal, sa ki raple n toutan jan lanmou nou santi a pa "nòmal" oubyen "imoral". Prejije sila yo ap toufe nou, yo mete n nan yon kwen, yo fè nou mal. Nou dwe toujou ap kache moun nou ye a, santiman nou santi nan zantray nou yo yon fason pou yo pa voye n jete, griyen dan sou nou, pase n nan betiz oubyen pou yo pa atake n.

Prejije lesbofobi yo penn nou tankou de etranje nan pwòp sosyete pa nou an, yo wè n tankou moun apa, yo pa vle nou e yo menm redui n a de kliche, de similak. Nou sibi yon seri remak meprizan, de move blag, yo konpòte yo

Dear little sisters,

I write to you today from the heart of a big sister who understands the challenges you may be facing as a young lesbian woman. I want you to know that you are not alone. Sometimes, it may seem as if the world doesn't understand or support who you really are, but I am here to talk to you.

Growing up in Haiti, I was confronted with a reality where being *madivin* was taboo, if not non-existent, in public conversation. In a world where society strongly values heterosexuality and represses any deviation, I did not feel comfortable with my own desires and my sexuality for a long time. Coming from a conservative religious family, I was taught to believe that my sexual orientation was an illness to be hidden and repressed.

For years, I drowned in a sea of confusion and silence, rejecting even the term "lesbian" because of its invisibility. It was as if our existence was denied, erased from Haitian social reality. I felt alone and isolated, convinced I was the only one feeling like this. I found no mirrors around me.

After understanding my own identity, every mention of *madivin* or lesbian triggered deep anxiety in me. It was as if the ground was slipping away from under my feet. Fear overwhelmed me, fueled by uncertainty about how others would react, social norms, and stigmas attached to this identity. In Haiti, lesbophobia rears its head in cruel and devastating ways. Prejudices are stubborn, and homophobia and discrimination become ingrained in the everyday life of those who dare to be different.

We face relentless judgment and accusatory glares that constantly remind us that our love is "unnatural" or "immoral." These prejudices suffocate us, isolate us, and hurt us. We often have to hide who we are and our deepest feelings for fear of being rejected, ridiculed, or even attacked.

Lesbophobic stigmas depict us as foreigners in our own society, separate, undesirable beings, often reduced to clichés and caricatures. We are confronted with contemptuous remarks, mockery, and hostile behavior that seeks to erase us, to silence us, to make us disappear. Every mention of the term was a stark reminder of my marginalization and vulnerability.

I was afraid that people would find out that I was one of those women who were spoken of with disdain, whose very existence was rejected. The idea that my secret might be revealed was a constant source of anxiety, fueled by fear

mal ak nou yon jan pou yo ka efase n, pou nou fè silans, pou nou disparèt. Chak fwa yo di mo a, sa raple m jan m majinalize, jan m vilnerab.

Mwen te pè yo dekouvri m te fè pati fanm yo pale mal yo. Fanm egzistans yo pa vo anyen. Lide pou idantite m ta sou laplas piblik te ban m anpil kè sere chak jou, paske mwen te pè pou yo pa t jije m e pou yo pa t fè m sibi diskriminasyon. Chak fwa yo gade m, chak mo yo di sou sijè a se te tankou yon menas ki te ka rive sou mwen. Sa ki te konn ogmante lapèrèz mwen epi fè mwen anvi sere pati sa nan mwen pi plis.

Lè vin gen entènèt vin gen aksè ak divès enfòmasyon, mwen kòmanse pi louvri, pi enfòme sou ki jan mwen ka eksplore seksyalite m. Mwen lage kò m sou rezo sosyal yo nan chache san pran souf repons kesyon mwen te genyen yo, mwen chache moun ki te gen menm eksperyans ak mwen. Mwen te konn chache mo "lesbyèn" ak non kèk vil, Dèlma pa egzanp, nan lespwa mwen ta jwenn parèy mwen, moun ki te ka konprann ak aksepte m.

Viv nan yon sosyete ki rayi madivin bay anpil defi nan jan pou ou eksplore pwòp plezi w ak anvi w. Chak ti jès afeksyon, chak ekspresyon lanmou nou pou yon lòt fanm pote mak lapèrèz jès sa yo ka mennen. Se tankou w t ap navige sou yon lanmè move kote chak grenn vag ka fese sekirite fizik ak emosyonèl ou atè. Panse lage tèt ou bay tout anvi ou santi nan trip ou disparèt akòz menas vyolans ak diskriminasyon . Nòm sosyal ak relijyon yo ki ap toupizi nou yo fè nou oblije viv nan kache, sere vrè santiman nou paske nou pè abandon ak lawonte. Li difisil pou nou jwenn yon espas kote nou ka eksprime nou jan nou vle, viv seksyalite ak lanmou nou san yo pa jije n osnon pèsekite n. Nou toujou ap fè fas a yon chwa difisil ant nesesite pou nou konfòme nou a atant sosyete a ak anvi pou nou otantik.

Yo souvan limite reprezantasyon seksyalite madivin yo a fantasm gason, a imaj pòno ki trete n tankou nou pa moun epi defòme reyalite n. Gason ki etewoseksyèl yo sèvi ak idantite nou pou alimante pwòp anvi pa yo, yo redui n a de machin ki la pou bay plezi. Mizapa fetichizasyon seksyèl la, nou konfwonte a lòt fòm rediksyon, tankou jan yo banalize relasyon ak emosyon nou yo, epi fè yo tounen kliche ak stereyotip. Yo wè lanmou madivin nou yo tankou yon faz nan yon eksperyans. Anplis de sa, idantite madivin nou se yon kesyon konpòtman seksyèl ki minimize nannan ak konpleksite relasyon anmoure ak emosyonèl nou yo. Fetichizasyon ak redui nou tout tan gen gwo konsekans sou sekirite ak byennèt nou, sa ki vin patisipe nan kilti vyolans ak diskriminasyon an.

of judgment and discrimination. Every look, every word spoken on the topic, was perceived as a potential threat, amplifying my fears and reinforcing my desire to hide this part of myself.

With the advent of the internet and access to a greater diversity of information, I began to explore my sexuality in a more open and informed way. I turned to social media, desperate for answers to my questions from people who shared my experiences. I searched the keyword "lesbian" in connection to certain towns, Delmas, for example, in the hope of finding peers, people with whom I could finally feel understood and accepted.

Living in a lesbophobic society poses enormous challenges in exploring our own pleasure and desire. Every gesture of affection, every expression of our love for another woman, is marred by the constant fear of repercussion. It's like sailing on an ocean of danger, where every wave can threaten our physical and emotional safety. The shadow of violence and discrimination often overshadows the very idea of surrendering to our deepest desires. Oppressive social and religious norms force us to live underground, hiding our true feelings out of fear of rejection and shame. It is difficult to find a space where we can be fully ourselves, where we can explore our sexuality and our love without fear of being judged or persecuted. We are constantly faced with a heartbreaking dilemma between the need to conform to society's expectations and the deep desire to be authentic to ourselves.

The representation of lesbian sexuality is often reduced to male fantasies, to pornographic images that objectify and distort our reality. Heterosexual men use our identity to fuel their own desires, reducing us to objects of pleasure. In addition to sexual fetishization, we also face other forms of reduction, such as the trivialization of our relationships and emotions through clichés and stereotypes. Our lesbian love is often seen as an experimental phase. Furthermore, our lesbian identity is often reduced to a matter of sexual behavior, thus minimizing the depth and complexity of our romantic and emotional relationships. This constant fetishization and reduction has profound consequences for our safety and well-being, contributing to a culture of violence and discrimination.

In a society where homosexuality is still widely stigmatized and repressed, we are often victims of violence and discrimination. Corrective rape is a horrific reality, a form of punishment meted out to those who dare to challenge gender and sexual orientation norms.

Nan yon sosyete kote yo toujou stigmatize ak fè represyon sou omoseksyalite, moun ki omoseksyèl yo souvan sibi vyolans ak diskriminasyon. Vyòl pou korije moun ki omoseksyèl yo se yon reyalite sinik, yon fòm pinisyon yo bay moun ki pran chans brave nòm sou jan ak oryantasyon seksyèl yo. Nou menm ki madivin, yo rann nou envizib doub fwa nan lit pou dwa moun yo. Nan kominote M lan, revandikasyon yo plis konsantre sou eksperyans gason ki masisi, tout sa ki gen pou wè ak madivin yo vin jwe yon wòl segondè ou byen yo pa menm konsidere yo. Sa ki patikilye, se jan yo minimize, efase lesbofobi nan kominote M lan. Yo rann nou envizib. Pwa sosyete patriyakal la ap toufe vwa nou, li pito limite n a fantas gason olye yo rekonèt mounite n ak dwa pou nou endepandan. Menm jan nan lit feminis yo nan peyi a, yo neglije reyalite ak batay madivin yo paske mouvman an gen plis fanm ki etewoseksyèl oubyen fanm ki pa deklare yo madivin . Lè yo rann nou envizib doub fwa konsa sa anpeche n defann dwa nou ak fè tande vwa n nan espas politik ak sosyal yo.

Mwen ki se yon madivin feminis ann Ayiti, mwen derefize fè silans. Mwen derefize koube m devan opresyon sosyete a. Mwen derefize yo redui m a yon anvi pou gason. Mwen fyè de moun mwen ye a, de moun mwen renmen, de konviksyon m. E m ap kontinye batay pou nou menm ti sè m yo, jouk nou tout ka lib pou nou moun nou ye a, nan sekirite ak egalite.

Yon gran sè feminis madivin.

We lesbians are doubly invisible in the struggles for human rights. Within the M[1] community, demands are often concentrated on the experiences of gay men, relegating lesbian-specific concerns to a secondary role, if at all. What is particularly striking is how lesbophobia is often minimized or ignored within the M community. We are made invisible, our voices stifled by the weight of the patriarchal society, which prefers to reduce us to masculine fantasies rather than to recognize our humanity and our right to self-determination.

Likewise, in the country's feminist movements, dominated largely by heterosexual or not openly lesbian women, the realities and struggles of lesbians are often neglected. This double invisibility hinders our ability to assert our rights and make our voices heard in political and social spheres.

As a lesbian feminist in Haiti, I refuse to remain silent. I refuse to bow to society's oppressive expectations. I refuse to be reduced to an object of male desire. I am proud of who I am, who I love, and what I believe. And I will continue to fight for you, my little sisters, until we are all free to be ourselves, safely and equally.

A *madivin* feminist big sister

---

[1] Communauté queer en Haïti : masisi (gai), madivin (lesbienne), makomè (femme trans), monkonpè (homme trans) et miks (bisexuel.le).

Liberasyon sèks fanm nan Karayib la atravè katriyèm espas la

MYRIAM J. A. CHANCY

SE ANNE-DORIS LAPOMMERAY AK GAËLLE BIEN-AIMÉ KI TRADWI TÈKS SA LANG SOUS: ANGLÈ

Caribbean Women Sexual Liberation Through The Fourth Space

MYRIAM J. A. CHANCY

Ekstrè "Subversive Sexualities: Revolutionizing Gendered Identities" ki pibliye an 2008 nan *Frontiers: A journal of Women Studies* vol. 29 No. 1 (2008), pp 51-75. Repwodiksyon an fèt ak otorizasyon otè a.

Menm si pandan dènye lanne yo, fanm nan Karayib la, ki gen diferan orijin rasyal, redefini wòl tradisyonèl yo bay fanm ak gason dènye deseni ki sot pase yo, seksyalite rete dènye fwontyè pou chanjman jeneral la fèt an pwofondè. An reyalite, nan kontèks Karayib la, pa gen rechèch inivèsitè ki fèt sou lavi madivin yo malgre gen pwogrè ki fèt nan lòt branch etid sou kondisyon fanm ak feminis nan rejyon an an jeneral. Se paske mwen konstate gen mank sa ki fè mwen ekri refleksyon sa yo. Mwen kwè pwa silans ki vlope seksyalite fanm yo, an patikilye, tabou ki ap pèsiste nan kontèks karibeyen an sou madivin, montre a ki nivo fanm ak gason mare nan de nosyon demode sou idantite jan. Nosyon sa yo menm lye ak pwogram nasyonal ki pa genyen ankò, si toutfwa yo te genyen l , yon pòte revolisyonè osnon liberatè.

Dapre mwen, diskou fanm ki soti nan Karayib la gen sou seksyalite[1] ofri yon katriyèm espas, yon bagay ki ale pi lwen pase lide "twazyèm sèks la", yon idantite fleksib ki pran plizyè fòm. Espas sa travèse fwontyè nasyonal yo men li pran an konsiderasyon melanj ras, li meprize stereyotip wòl jan yo ak seksyalite ki pran fòm nan ideyoloji patriyakal la e ki la pou ba li jarèt. Konsa, nan analize sa dèfòmasyon seksyalite fanm yo demontre sou dinamik pouvwa aktyèl la ak kòman fanm nan rejyon sa yo chèche reprann kontwòl seksyalite yo a pati pwòp konsepsyon "eros" pa yo, mwen konsantre sou yon diskou revolisyonè ki gen plizyè branch ak plizyè nivo ki ka rive chanje sichis popilasyon nan Karayib la, sitou kontak yo gen ak Etazini ka louvri pòt sou lòt jan idantite seksyèl yo ka eksprime. Ekriven ak atis sa yo ki chache esplike enpòtans seksyalite altènatif yo, pifò ladan yo, kite peyi yo volontèman oswa nan fòse. Nan kontèks sila, migrasyon an ofri posibilite pou defini pwòp tèt ou, menm si sa pa toujou rive fèt. Etazini reprezante yon ouvèti se vre, men

---

[1] Nan kontèks sa, menm jan ak otè m ap etidye yo, mwen pa mete fanm Kiben ak Dominiken nan kategori Panyòl "blan", men nan kategori fanm Karibeyen diferan ras, istwa kolonyal ak enperyalis rejyon an enfliyanse idante rasyal ak seksyèl yo.

[2] Pa egzanp, nan peyi Etazini, idantite omoseksyèl ki "out" la, souvan yo sipoze se moun blan e diskou sou "teyori *queer*" la jeneralman pa konsidere moun ki pa blan yo; anpil fwa, pou omoseksyèl ki pa blan an, viv nan peyi Etazini vle di abandone idantite etnik ak rasyal li ki souvan reprezante moun li ye a pase oryantasyon seksyèl li ki janbe fwontyè kilti a - konsilte Arguelles ak Rich sou ka sa.

CARIBBEAN WOMEN SEXUAL LIBERATION
THROUGH THE FOURTH SPACE

Excerpt from the article "Subversive Sexualities: Revolutionizing Gendered Identities" published in 2008 in *Frontiers: A Journal of Women Studies* Vol. 29, No. 1 (2008), pp. 51-75. Reproduction with the authorization of the author.

Although Caribbean women of all racial backgrounds have been redefining traditionally gendered roles over the past several decades, sexuality presents the last frontier to pervasive, deep-reaching change. Indeed, in the Caribbean context, academic investigations of lesbian lives remain a startlingly incoherent area of exploration despite advances in other areas of women's and feminist studies in the region generally. It is this very present absence which has compelled me in this essay. I suspect that the overwhelming silence around women's sexuality and, specifically, the taboos that remain in place in the Caribbean context around lesbianism reveal the degree to which both women and men are mired in antiquated notions of gender identity. These notions are themselves tethered to national agendas that are no longer, if they ever were, revolutionary or liberatory in scope.

Caribbean women's discourse on sexuality[1], I suggest, offers a fourth space, something beyond the idea of the "third sex," an identity with fluidity, multiplicity in its constitution, traversing national boundaries yet inclusive of racial mixings, transgressive of the static gender and sexuality roles created from, and sustaining patriarchal ideology. Thus, by exploring what the distortion of women's sexuality reveals about present power dynamics and how women in these regions seek to reclaim their sexuality through their own particularized conceptions of "eros," I aim to reveal a multilayered, pluralistic revolutionary discourse that could alter the psyches of the populations of Caribbean nations, especially as contact with the US opens doors to alternative expressions of sexed identities. Those writers and artists who have sought to elucidate the importance of alternative sexualities are, by and large, those who have left, by will or by force, their home nations. In this context, migration affords the opportunity of self-definition, even if such opportunity may not reach its full actualization. The US presents an opening but also a difficult crossroads where gain and loss can occur simultaneously[2].

---

[1] And, like the authors being studied, I am not classifying Cuban and Dominican women as "white" Latinas, but as multiracial Caribbean women whose racial and sexual identities are influenced by the colonial and imperial history of the region.

[2] For example, in the US, mainstream gay "out" identities are often assumed to be white and the discourse of "queer theory" by and large excludes people of color; often, for gays of color, to be gay in America means to abandon ethnic and racial identities which are often more constitutive of individual identity than sexual orientation that crosses culture-see Arguelles and Rich on this issue.

se yon kafou difisil kote ou ka genyen ak pèdi an menm tan[2].

Marilyn Bodes nan peyi Kiba ak Achy Obejas ki abite Etazini, se de ekriven Kiben ki eseye fè nou konprann lavi fanm Kiba yo. Bodes ak Obejas ekri 2 nouvèl ki ap sèvi m pou m ateri lide mwen yo: nan tou 2 tèks yo, otè yo devwale difikilte ki genyen ak idantite madivin lan pou fanm ki sòti Kiba yo. Tou de ekriven yo prezante jan idantite sila pa yon opsyon nan nòm sosyetal yo e li fè w bay tèt ou yon fòm egzil. Sa ki vin kreye yon idantite ki fann an miyèt moso kay moun ki madivin lan e ki ta lese kwè, yon lòt bò endirèkteman, aksepte madivin lan nan kò politik la ap repare fisi sa yo. Pou Obejas, egzil fizik lòtbòdlo a pèmèt idantite ki pran baf nan kontèks karibeyen an pran plas.. Okenn nan 2 ekriven sa yo pa ideyalize idantite madivin lan men tou 2 estime veritab liberasyon fanm Kiben yo dwe pase pa liberasyon seksyèl la.

Nan nouvèl "Somebody has to cry" [*Yon moun dwe kriye*] Marilyn Bobes ekri a, li bay yon apèsi enteresan sou "katriyèm espas la", e dapre mwen, gen kèk fanm ki ekri nan Karayib la ki kòmanse eksprime espas sa nan sa ki gen a wè ak seksyalite fanm. Nouvèl sa, se istwa yon jenn fanm pwofesyonèl ki rele Maritza, kat zanmi ap bay rakontay lavi li. Yo ap di jan yo santi yo koupab pandan yo ap fè fas ak diferans Maritza. Alina, ki pi refraktè fas a reyalite chanjman idantite Maritza a, esplike pi byen konfizyon lè y ap sonje lavi yo lè yo te jenn fi:" Nou te nòmal, nou te konn byen abiye, nou te panse jan yon fanm dwe fè sa"[3]. Monològ Alina ap fè ak tèt li a, demontre yo te konn panse jan gason vle yo panse, jan pou yo santi kò yo ak seksyalite yo. Yon lòt pèsonaj nouvèl la ki se Cary, montre jan la wonte Maritza sou sekyalite l depaman ak konsyans sou kilès li ye ak jan li devlope rapò l ak gason: "Nou sakrifye tèt nou nan jimnastik ou byen nan natasyon, nou prepare tèt nou pou yon vant ozanchè ki gen pou fèt; yon mannyè ou yon lòt nou te toujou ekspoze nan vitrin"[4]. Nou gen kontak ak vwa Maritza nan yon sèn Cary ap rakonte, kote Maritza ap ankouraje l konsantre enèji l sou tèt li pou li ka devlope talan l ak

---

[3] Marilyn Bobes, « *Somebody Has to Cry* » nan Cubana: Contemporary Fiction by Cuban Women. Beacon Press, 1998. Se Behar, Ruth ki edite l, 24.

[4] Ibid., 24.

[5] Ibid., 30.

Marilyn Bobes, in Cuba, and Achy Obejas, residing in the US, are two Cuban writers who have attempted to make Cuban women's lives coherent. Two short stories by Bobes and Obejas will serve my immediate purposes here: in both, the authors reveal the tensions of lesbian identity for Cuban women. Both authors present the identity as an option constrained by societal norms and one that produces a form of exile from the self, producing a split identity for the lesbian subject, suggesting conversely and indirectly that acceptance in the body politic of the lesbian subject will repair such fissures. In Obejas, physical exile from the island provides an opportunity for the fulfillment of a scorned identity in the Caribbean context itself. Neither author idealizes lesbian identity, yet both suggest that true liberation for Cuban women is embedded in sexual liberation.

Marilyn Bobes's short story, "Somebody Has to Cry," presents an intriguing *aperru* on the "fourth space" that I believe some Caribbean women writers are beginning to articulate with respect to women's sexuality. This is the story of a professional woman, Maritza, as told through the perspective of four friends, all grappling with her apparent suicide. They wrestle with their guilt as they slowly confront Maritza's difference. Alina, most resistant to the reality of Maritza's alter-identity, expresses best their confusion when she reflects on their young adulthood: "We were normal, we dressed well, we thought the way women think."[3] Alina's inner monologue betrays, however, that they thought as men taught them to think and to feel about their bodies and sexuality. Another character, Cary, notes that Maritza's lack of "*verguenza*" or sexual shame contrasted their own self-awareness, one cultivated for men: "We devoted ourselves to gymnastics or swimming, were preparing ourselves for a future auction; one way or another, we were always on display."[4] We are brought closest to Maritza's voice in a scene Cary recounts, in which Maritza encourages Cary to focus her energies inward, to fulfill her own personal talents and dreams: "We've been brought up, she told me once, to clear the way for the triumph of men: look at you, with all your talent, and all you talk about is them."[5] Slowly the text reveals its secret, a flamboyance that has hidden Maritza's secret shame: her love of women—as friends, as companions, as lovers. Faced with Maritza's suicide, a gesture of absolute despair for one whom they considered so free, and, unlike themselves, so

---

[3] Marilyn Bobes, « *Somebody Has to Cry* » dans Cubana: Contemporary Fiction by Cuban Women. Beacon Press, 1998. Dirigée par Béhar, Ruth , 24.

[4] Ibid., 24. [5] Ibid., 30.

reyalize rèv li: " Yon jou li di m, yo leve n pou nou ka louvri pòt laviktwa pou gason: gade n, ak tout talan nou gen epi nou chita ap pale de gason sèlman[5]". Tou dousman, tèks la mete sekrè a deyò, yon entelijans ki te kamoufle lawonte sekrè Maritza a: lanmou li pou fanm, kòm zanmi, kòm konpanyèl ak pou mennaj. Lè Maritza tiye tèt li, yon jès dezespwa pou yon moun yo te konsidere ki lib e ki te renmen viv, kontrèman a lòt yo, chak moun te oblije admèt jan yo paka aksepte sa ki rive a. Maritza te yon achitèk ki te gen lespwa chanje sosyete li a ak lojman altènatif dapre sa li te plizoumwen di. Alina te meprize rèv sa Maritza te genyen an: "Li kraze kò l nan bay entèvyou, nan fè lèt ak reyinyon paske li te panse yon moun t ap enterese ak tèz li a: konstriksyon altènatif. Li te sekwa. Pou tout moun ki te bezwen jwenn kay epi li menm li t ap bay tèt li pwoblèm pou divèsifye konstriksyon, pou melanje wòl yo , resous disponib ak estetik[6]".

Gras a lòt pèsonaj yo (ak langaj pike Alina a), nou dekouvri maryaj Alina a te yon gagòt, mari l se yon matcho ki menm fè bon zanmi Alina avans seksyèl. Maritza ki te jwenn avans tou, te voye mari a jete. Men kòm li pa dakò pèdi, li bay Alina manti sou jan li te rankontre Maritza (ki te menase pou li te di Alina jan li te endesan). Kòm pyès moun pa t ka asosye bote, foug Maritza ak idantite madivin lan, yo vin ipèseksyalize l, sitou Alina, ki te kwè si li aksepte vre seksyalite Maritza a sa ap vle di li ap aksepte enfidelite mari l ak jan li pa konn anyen nan domèn sa. Sou diferan pwen, move jan Alina ap bay la soti nan menm pye bwa ki bay izolman Maritza a. Alina aksepte mit fanm la pou travay domestik la e li paka aksepte malè l:"Mwen leve yon lòt jan, se pou mwen gen yon fanmi. Mwen pa regrèt sa. Mwen renmen pitit mwen yo anpil e anyen pa ka ranplase lakontantman yo ban m. Se sa ki fè yon fanm: yon fanmi[7]". Kòm li pa kapab fè fas kare ak vid ki gen nan lavi l la, Alina defòme pwòp seksyalite l ak tout seksyalite pa Maritza. E si mari l enterese a Maritza se paske li te pwovoke mari a, se konsa li kontinye pou li di:" Si li te di youn nan biznisman yo wi, La Havane t ap chaje ak batiman altènatif[8]". Alina derefize wè si batiman altènatif yo pa egziste se jisteman paske yo te dwe fèt malgre Maritza e pa akòz de li. Vizyon Maritza te genyen an chita sou libète fanm; li pa defann yon mond san gason men yon

---

[6] Ibid., 26. [7] Ibid., 25. [8] Ibid., 31

full of life, each is forced to confront their own failure to accept the obvious. An architect, Maritza obliquely revealed her hope for societal transformation by designing alternative housing. Alina meets this yearning with characteristic contempt: "She wore herself out with interviews, letters, and meetings, thinking that someone was going to take an interest in her thesis: alternative building styles. She was a snob. So many people needed houses, and she worried about diversity, about reconciling functionality, available resources, and aesthetics."[6]

Through the other characters (and Alina's own venom), we find out that Alina's marriage is a sham, that her husband is a philanderer who has made sexual passes at her best friends, including Maritza. Maritza, of course, rejected him, and he, unable to accept defeat, lied to Alina about his encounter with Maritza (who threatened to tell Alina of his indecent behavior). Since none can reconcile Maritza's beauty and vivacity with her lesbianism, she becomes hypersexualized, especially for Alina, whose acceptance of Maritza's true sexuality would mean accepting her husband's infidelities and her own blindness on the matter. Alina's bitterness, in many ways, has been borne of the same tree begetting Maritza's alienation. Alina has bought fully into the myth of women's domesticity and cannot face her unhappiness: "I was brought up differently, to have a family. I'm not sorry. I love my children very much, and nothing could have replaced the joys they've given me. That's what completes a woman: a family[7] Thus unable to confront the emptiness of her life, Alina distorts her own sexuality and Maritza's along with it, suggesting that if her husband were interested in the latter, it must have been the result of Maritza's provocation, adding, "If she'd said yes to just one of them [male businessmen], Havana would be full of alternative buildings."[8] Alina refuses to see that if those alternative buildings do not exist, it is precisely because they would have to rise despite not because of her. Maritza's vision is about women's freedom; she advocates not a world without men but one in which women (like Cary) can write themselves into visibility and erect their own structures, their own particular and peculiar visions.

Bobes's story is cautionary: like many early stories of lesbian lives in other Western literary traditions, the lesbian character dies or commits suicide. This story departs from the usual model, however, in reconstructing the lesbian character's life through a chorus of voices. We learn of Maritza through the very people who could not see her, who denied her full liberty.

---

6 Ibid., 26. 7 Ibid., 25. 8 Ibid., 31

mond kote fanm (tankou Cary) kapab parèt epi mete sou pye pwòp estrikti pa yo, pwòp vizyon patikilye ak espesifik pa yo.

Listwa Bodes la se yon pinga: tankou nan anpil ansyen istwa sou lavi madivin nan lòt tradisyon literè oksidantal yo , kote pèsonaj ki madivin lan mouri oubyen li tiye tèt li. Istwa sila a depareye ak sa nou abitye li paske li rekonstwi lavi pèsonaj la apati yon ansanm vwa. Nou aprann konn Maritza atravè menm moun ki pa te pa t ka wè li yo, ki te refize l viv libe libè. Menm lè Maritza pa gen vwa, li vivan nan tèks la; nan sans sa, silans li an egziste tout bon nan "katriyèm" espas mwen te defini anvan se yon enstriman imajinasyon an, yon souvni ki nan memwa a. An menm tan, istwa a pale sou ki jan kominote a , sosyete a an li menm rive kite mepri yo gen pou seksyalite fanm paralize yo, konnen deja sa li voye jete e gras ak jefò tout moun, gen estrikti altènatif ki ka konstwi. Katriyèm espas la li menm se plas imajinasyon an jan chwa monològ yo reflete li a. Istwa a mete deyò sa ki kache nan sosyete a: Maritza ki tiye tèt li a pa yon fen reyèlman men yon okazyon pou kominote a souke kò l.

Kont sakastik Achy Obejas la, "We Came All The Way From Cuba So You Could Dress Like This?" [*Nou soti jouk Kiba jis pou w ka abiye konsa?*], mete aksan sou paradòks egzil yo nan kontèks fòmasyon idantite seksyèl altènatif la. Yon jenn fanm ki sòti Kiba nan lane 1963, ap rakonte jan li rive ak fanmi l nan peyi Etaznini ak estati refijye. Pandan li ap grandi, fanm ki ap rakonte istwa a asime seksyalite l yon mannyè ki pa t ap posib Kiba. Omwen sou plan sa, egzil la bay yon libète lòt moun ap chache toujou [tankou Maritza nan istwa nou rezime anvan an]. Men libète sila gen yon pri: si vwa k ap rakonte istwa Obejas la lib nan kò li, li pa soti nan chenn ideyoloji patriyakal la menm jan ak si li te Kiba toujou. Tou de paran li yo gen gwo lanbisyon pou pitit fi yo. Li di: "Papa m pa imajine m nan yon espas domestik". Manman l sou bò pa l, te reve manzè "marye ak yon bèl gason blan ki soti nan Amerik Dinò ki bwè pepsi kòm manje maten", men pa yon fanm k ap fè manje pou fanmi l. Manman li rive Etazini ak tout prejije l: "Li pa di pou mwen fè manje, men pou mwen sipèze fanm ayisyen ki pa gen papye mwen menm ak mari m ap pran pou fè manje a[9]". Dèyè rèv reyisit ak asansyon sosyal la gen doulè egzil la pote a, aprann yon nouvo lang, pote etikèt "Nwa" kidonk enferyè (yon fason endirèk: "yon estetisyèn Ameriken te di manman m li pa penyen tip cheve li[10]"), reyalize kominote egzil ki Miyami an kreye pwòp egzil pa yo. Li tounen sou zile a pou li te ka cheche rejwenn esans Kiben li, yon posibilite paran l yo

---

[9] Achy Obejas, « *We Came All the Way from Cuba So You Could Dress Like This?* » dans *Cubana: Contemporary Fiction by Cuban Women. Beacon Press, 1998. Collection dirigée by Behar, Ruth*, 183-184.
[10] Ibid., 190.

Voiceless, Maritza is still brought to life; in this, her silence exists fully in that "fourth" place I defined earlier—she is an act of imagination, a revelation of memory. By the same token, the story reveals that the community, the very society crippled by its denial of women's sexuality, already knows what it denies and that, through communal effort, alternative structures might be built. The fourth space, then, is itself a function of the imagination as the choice of interior monologues reflects. The story is the exteriorization of that which is hidden within society: Maritza's suicide is not truly an end but an opportunity for communal awakening.

Achy Obejas's sardonic tale "We Came All the Way from Cuba So You Could Dress Like This?" accentuates the ironies of exile within the context of the formation of an alternative sexual identity. A young Cuban woman recounts her arrival as a refugee in the United States in 1963 with her family. As she matures, the narrator comes into her sexuality in a way that would be implausible in Cuba. At least on this front, exile produces the freedom that others (like Maritza in the previous story) still seek. But this freedom comes at a cost; though Obejas's narrator is free of body, she is no more free from patriarchal ideology than she would be in Cuba. Both her parents hold high aspirations for their daughter. "My father," she says, "does not envision me in domestic scenes." Her mother, on the other hand, dreams that she will become "the wife of a boyishly handsome North American man who drinks Pepsi for breakfast," but not a woman who will actually cook her family meals. Her mother has brought to the US all of her prejudices: "She does not propose that I will actually do the cooking, but rather that I'll oversee the undocumented Haitian woman my husband and I have hired for that purpose."[9] Behind the dreams of success and class ascension are hidden the pains of exile, learning a new language, being labeled "Black" and thus inferior (albeit indirectly: "a North American hairdresser's telling my mother she didn't do her kind of hair"[10]), realizing that the exile community in Miami creates its own exiles. She will seek to reclaim her Cubanness by returning to the island, a possibility forsaken for her by her parents in their defection from Cuba. Reclamation will come to her through sexuality, in the arms of another Cuban woman after forays into unknown territory with American lovers. With her Cuban lover, she achieves what Helene Cixous has termed "reparage en soi," or a reparation

---

[9] Achy Obejas, « *We Came All the Way from Cuba So You Could Dress Like This?* » dans *Cubana: Contemporary Fiction by Cuban Women. Beacon Press, 1998. Collection dirigée par Behar, Ruth*, 183-184.
[10] Ibid., 190.

pa konsidere pou li lè yo kite Kiba. Rekiperasyon an ap vin jwenn li an pasan pa seksyalite l nan bra yon lòt fanm Kiben apre li fin viv ti avanti ak kèk mennaj Ameriken. Ak mennaj Kiben li an, li reyalize sa Helene Cixous rele *"reperage en soi"* oubyen yon reparasyon enteryè, yon kè poze nan chak ti moso: "Lè li poze tèt li sou vant mwen, zòrèy li pa tande kè m men li tande batman pye palmis yo". La menm, gen yon santiman ki frape fanm ki ap rakonte n istwa a, bèl moman sa l ap viv la, pa t ap janm ka posib sou zile a:

> Nan demen maten, pandan m ap tande l ki ap respire nan bra m, mwen mande tèt mwen kijan sa te ka posib, eske sa t ap ka menm rive si nou te rete Kiba. Si wi, eske sa t ap an kachèt oubyen libe lebè, avèk oubyen san revolisyon. Epi ki jan - kòm mwen konnnen tout bon jan lavi a se yon kataklis li ye - mwen te ka apiye m sou li yon ti kras pi lontan[11].

Nan kranponnen ak "li", li kenbe pwòp tèt pa l. Menm jan ak nan istwa Bodes la, souvni an se yon pòt louvri sou konpreyansyon ak transfòmasyon. Fanm ki ap di nou sa ki pase nan istwa a, fè yon vwayaj anndan li pou li ka dekouvri veritab moun li ye a. Se nan kò l, nan seksyalite l, li jwenn yon asirans nan idantite l alafwa kòm fanm, men kòm Kiben tou. Relasyon li genyen ak bagay ameriken yo ak paran li yo, jan li esplike yo nan retounen nan souvni sou lavi l depi lè fanmi an rive Etazini, montre, malgre li lib pou li fè sa li vle ak kò l jouk li jwenn tèt li, "nouvo mond sa" pa pi pare pou ba li otonomi l, pase sa li kite dèyè a. Devlòpman pèsonèl la vini ak pri entegrasyon nan kò politik la-li pa gen yon "lakay". Poutan, eta entèmedyè sa pote pwomès, posibilite chanjman ak transfòmasyon. Se konsa istwa a fini, sou yon souvni peryòd fanmi l t ap kouri kite peyi a: "Pandan mwen kouche la, m ap poze tèt mwen kesyon sou espektak sa ki ap dewoule dèyè fenèt la ak sou nouvo mond ki ap tann nou nan lannuit sila ak pou tout lòt rès nuit nan lavi nou. Menm mwen menm, m konnen nou deja travèse yon bon pati wout la[12]".

Istwa sa yo vle fè nou wè, nan chache altènativ pou nou aktyalize, konseptyèlman, nou vin limite a modèl konvansyonèl maskilinis ak patriyakal yo. Lakay Bodes, nou jwenn altènativ yo apre, lè l vin parèt aklè mank libète youn afekte libète majorite a, lè l vin parèt aklè libète yon moun dwe yon preyokipasyon pou tout moun; Nan nouvèl Obejas la, rejwenn tèt ou atravè yon lòt moun ki egzile   parèt mwayen ki egziste pou

---

[10] Ibid., 190. [11] Ibid., 193. [12] Ibid., 197.

within herself, a wholeness of divided parts: "She rests her head on my belly, her ear listening not to my heartbeat but to the fluttering of palm trees." Immediately, the narrator faces the fact that this startling familiarity would not likely have occurred on the island itself:

> The next morning, listening to her breathing in my arms, I wondered how this could have happened, and if it would have happened at all if we'd stayed in Cuba. And if so, if it would have been furtive or free, with or without the revolution. And how—knowing now how cataclysmic life really is—I might hold on to her for a little while longer.[11]

In holding on to "her," she holds on to herself. As in Bobes's story, recollection provides the gateway to understanding and transformation. Obejas's narrator also undergoes an inner journey to discover her true self. It is through her body, her sexuality, that she finds an affirmation of her identity both as a woman and as Cuban. Her relationship to things American and to her parents, as revealed through the flashbacks over her life since the family's first moments in the US, demonstrates that though she is physically free to find herself, the "New World" is no more ready than the one she left behind to grant her autonomy. Her self-actualization is obtained at the cost of integration into the body politic-she is without a home. Yet this state of in-betweenness holds promise - the possibility of change and transformation. So ends the story, in a flashback to the family's period of flight: "And as I lie here wondering about the spectacle outside the window and the new world that awaits us on this and every night of the rest of our lives, even I know we've already come a long way."[12]

These stories suggest that in search of alternative forms of self-actualization, we are now limited, conceptually, to conventional patriarchal and masculinist models. In Bobes, alternatives are found in hindsight, when it becomes clear that the lack of freedom of one affects the many, that the freedom of one individual must be the concern of all; in Obejas, reclaiming the self through a mirrored Other in exile appears to be the conduit to reclaiming a sense of nationhood and an autonomy figured through sexual entwining. These texts suggest that works of the imagination (where ideology finds its seeds of creation) might bear fruit

---

[11] Ibid., 193. [12] Ibid., 197.

reprann santiman apatenans a yon nasyon ak yon otonomi ki kalkile apati yon relasyon seksyèl. Travay sa yo montre jan zèv sou imajinasyon (kote ideyoloji boujonnen nan kreyasyon) ka pote fwi nan transfòmasyon pou mete limyè sou silans ak majinalizasyon ki prezan nan sosyete yo jounen jodi a. Men nou dwe remake tou, medam ki ekri tèks sa yo mennen nou nan konklizyon sa yo, nan etidye enpòtans ki gen nan soti nan silans epi devlope sou lavi madivin yo, kit otè yo madivin, kit yo pa madivin. Yo souzantann, idantite sila yo ka pote solisyon nan transfòmasyon sivik ak nasyonal yo. Zèv sa yo endike tou, petèt yon jou, langaj ak konsèp ideyolojik yo ap rann posib yon katriyèm espas n ap ka eksplwate - yon veritab diskou sou liberasyon ki p ap pran chè nan estrikti senbolik aktyèl la men ki gen potansyèl pou kraze lòd ki tabli a nan egzije vizibilite lavi entim, kò ak pouvwa ewotik fanm yo.

for transformation when shedding light on the silence and marginalization present in our current societies. Strikingly, however, they bring us to such conclusions by exploring the significance of unsilencing and deploying lesbian lives whether or not the authors are themselves lesbian, suggesting that such alter identities will bear the solution for civic and national transformations. The works suggest further that, one day, perhaps, language and ideological concepts will make possible a fourth space which is actionable—a true discourse of liberation that is not derivative of the current symbolic order but whose subversive potential lies in its insistence on rendering visible women's inner lives, bodies, and erotic power.

Sèt Zèl : Yon espas san danje ("safe pace") kote seksyalite ak plezi pale san baboukèt

MICAËLLE CHARLES

Sèt Zèl : A safe place where women's sexuality and pleasure are talked about freely
MICAËLLE CHARLES
TRANSLATED BY NADINE MONDESTIN FROM HAITIAN CREOLE

Nan sosyete nou an, prèske tout sa ki konsène epanouyisman, emansipasyon ak byennèt fanm toujou yon tabou. Swa, yo minimize sijè a, sou pretèks gen dosye ki pi enpòtan; swa, pa gen espas piblik (vityèl oswa fizik) ki vrèman ofri yon sekirite ak yon alèz pou sijè tankou seksyalite ak plezi fanm ka pale san lawonte ni laperèz.

Nan prèske tout espas piblik ak medya, kò fanm ak tout sa ki mache ak li souvan yon sijè distraksyon oswa yon espas kote lòt moun ki pa fanm temwanye jan yo egzèse pouvwa ak dominasyon yo. Sou rezo ak medya sosyal yo, nou souvan wè move kòmantè sou kò fanm (bodyshaming), jijman sou aktivite ak pratik seksyèl fanm.

An 2019, nan mitan tout sa yo, yon òganizasyon lokal k ap pale sou idantite, feminite ak seksyalite vin pran plas nan peyizaj vityèl ayisyen an : STZL (@setzelpeyi). Platfòm sa dedye sitou a byennèt fanm. Youn nan aspè ki parèt anpil nan kontni yo se seksyalite ak plezi. Kòman ekip la te rive travay pou mete yon platfòm konsa sou pye ? Ki jan yo jere kòmantè negatif, enjonksyon ak entolerans nou jeneralman wè sou entènèt la ? ki konsekans pozitif sa genyen sou kominote a ?

Lanmou. Men premye repons lan. Se kokenn chenn lanmou san kondisyon ekip STZL la genyen pou byennèt fanm ak tifi nan sosyete a ki pèmèt platfòm sa egziste. Objektif STZL se dekonstwi mantalite tou fèt pou rive konstwi lòt, konsa fanm ak tifi ka redefini tèt yo pou tèt yo. Menm lanmou sa a pèmèt STZL ka depase tèt li pou rive konprann jan sosyete a pa vle wè fanm, ede li fè fas ak kritik; men sa ki pi enpòtan, lanmou sa pèmèt li ankouraje fanm akspete moun yo ye a san eskize, san mande padon paske yo egziste.

Lanmou pou byennèt fanm ak tifi mennen yo obsève diferans ki genyen ant eksperyans lavi fanm ak tifi ann Ayiti ak lavi lòt fanm nwa nan rejyon an ak rès mond lan. Sa vin fè travay STZL la baze sou entèseksyon kote eksperyans lavi sa yo ka kwaze pandan li konsidere aspè patikilye yo pou akouche refleksyon ki ale pi lwen e ki pi lib tou. Nan sans sa, STZL fè konnen:" pale de seksyalite san jèn, san baboukèt mande yon depasman pou w alèz pou w choke moun , san w pa tonbe nan vilgarite. Li mande pou kesyone lide tou fèt sosyete a kontinye fè tifi ak tigason kwè lè y ap grandi."

Sa fanm viv nan chè yo ak nan lespri yo se prensipal enspirasyon STZL pou li pale sou seksyalite ak plezi medam yo. STZL kwè nan kapasite istwa chak grenn fanm ka genyen pou chanje pèsepsyon, enfliyanse konpòtman piblik la epi aji sou byennèt kolektif la sitou lè rakontay la onèt epi san filtè.

In our society, almost everything concerning women's empowerment, emancipation and wellbeing is still taboo. Either the topic is minimized under the pretext of there being more important issues, or there are no public spaces (virtual or physical) that truly offer safe and comfortable places where topics such as women's sexuality and pleasure can be discussed without shame or fear.

In almost all public and media spaces, women's bodies and everything associated with them are often a source of entertainment or a terrain for non-women to express how they exercise power and dominance. On social networks and social media we often see body shaming and negative judgment of women's sexual activities and practices.

In 2019, within this context, a local organization that talks about identity, femininity and sexuality took root in the Haitian virtual landscape: STZL (@setzelpeyi). This platform is primarily dedicated to women's wellbeing. One of the topics that frequently appear in the content is sexuality and pleasure. How did the team work to set up such a platform? How do they manage the negative comments, attacks, and intolerance that are so common on the internet? What has been the positive impact on the community?

Love. That's the first answer. It's the boundless and unconditional love that the Sèt Zèl team has for the wellbeing of women and girls in society that allows this platform to exist. STZL's goal is to deconstruct the unquestioned mindset in order to build new ones, so that women and girls can redefine themselves for themselves. This same love allows STZL to overcome self-doubt and understand how society vilifies women, while helping the team weather attacks and criticism; but most importantly, this love allows them to encourage women to accept who they are without apology, without asking for forgiveness, and for existing as they are.

Love for the wellbeing of women and girls pushes them to note the differences between the life experiences of women and girls in Haiti and the lives of other Black women in the region and the rest of the world. This grounds STZL's work in the intersections where these life experiences meet, while taking into account their specificities, thus giving birth to new ideas that push further and break more barriers. It's what informs STZL's statement: "You have to push yourself to be able talk about sexuality freely and uncensored, to be comfortable with shocking people while never slipping into vulgarity." You have to question ideas that society instills in girls and boys while growing up."

Dayè, prèske pa gen etid ki fèt sou eksperyans fanm ak tifi nan peyi a, kidonk obsève reyalite yo epi pran temwanyaj se mwayen ki vin pi fyab pou pale sou sa ki konsène pwòp byennèt yo. Depi lè yo kreye STZL jiska jounen jodi a, metodoloji li pa janm chanje.: bay istwa medam yo tout plas yo pandan l ap mete divès kalite eksperyans anba je kominote a pou pouse li vin pi toleran epi aprann kesyone lide ki tabli nan sosyete a e ki mete sekirite ak byennèt fanm ak tifi an danje.

Nou pa leve nan yon sosyete kote yo aprann nou reflechi pi lwen pase sa nou deja konnen, sa k ap pale yo dwe toujou bon pou nou e ale nan menm sans ak nou. STZL konnen sa e li te pare pou pati sa. Lè platfòm nan te fenk kreye, tout kalite moun, fanm kou gason, lè yo pa dakò ak yon lide te konn voye mesaj prive sou rezo yo ki te parèt vyolan . Men an mezi STZL ap grandi li te vin gen aksè a plizyè zouti rezo sosyal bay pou jere, sipèvize komantè endezirab. E gras a sa, te kòmanse gen yon fren nan mòd reyaksyon sa yo. Apre STZL fin anrejistre kòm yon òganizasyon lokal, li te mete sou pye yon pwotokòl pou fè piblik li oswa kominote li a konprann a klè yo pa ka ni di, ni fè nenpòt bagay sinon y ap pèdi aksè ak kontni platfòm lan. Pwotokòl sa ede anpil nan jere kòmantè negatif ak endezirab , anmenmtan li ede nan kreye yon espas kote kominote a ka fè echanj nan respè pou lide, pozisyon ak opinyon lòt moun.

STZL fè yon remak konsa : « Se vre, rezo sosyal yo libere lapawòl sou seksyalite, men ou gen lenpresyon jenerasyon sa a toujou rete makonnen nan stereyotip ki lye ak seksyalite olye yo kesyone lyen li ka genyen ak byennèt nou kòm moun e sitou kòm jèn k ap evolye nan sosyete aysiyen nan. ». Nan ka sa, li enpòtan pou kontinye pwopoze lòt lide pou dekonstwi sa ki deja tabli yo, toujou ankouraje piblik la reflechi sou pwòp reyalite l ak eksperyans li epi reprezante seksyalite ak plezi yon fason ki pi pozitif, ki mwen degradan.

Women's lived experience in their bodies and minds is the driving force behind STZL's discussion of women's sexuality and pleasure. STZL believes in the ability of each woman's story to change perceptions, influence public behavior and shape collective wellbeing, especially when said story is honest and unfiltered. After all, there are almost no studies done on the experiences of women and girls in the country, so documenting their experiences and recording their testimonies is the most reliable way to talk about what affects their own well-being. From the beginning of STZL until today the approach has never changed: giving full freedom to women's stories while shedding light on various experiences for the community to witness, pushing it to become more tolerant while learning to question social norms that endanger the safety and well-being of women and girls.

We are not raised in a society where we are taught to think beyond what we already know; conversations should always serve us and help us grow. STZL knew this and was ready for it. When the platform first launched, all kinds of people - men and women - would send private social media messages that felt very violent. But as STZL grew, it gained access to several tools provided by social media platforms to moderate hostile comments. And thanks to that, the volume of those messages slowed down. Once STZL registered as a local organization it set up a protocol to make its audience or community clearly understand that they couldn't say or do anything they please, or else they would lose access to platform content. This protocol helps a lot in managing negative and unwanted comments, while at the same time creating a space where the community can exchange while respecting others' ideas, positions, and opinions.

STZL posted the following comment: "It's true, social networks opened up discourses around sexuality, but it feels as if this generation is still bound up in stereotypes around sexuality instead of questioning the links they may have with our well-being as people and especially as young people living in Haitian society." As such, it's important to keep bringing forth new ideas to deconstruct preconceived notions, always encourage readers to think about their own realities and experiences, and represent sexuality and pleasure in a less degrading, more positive manner.

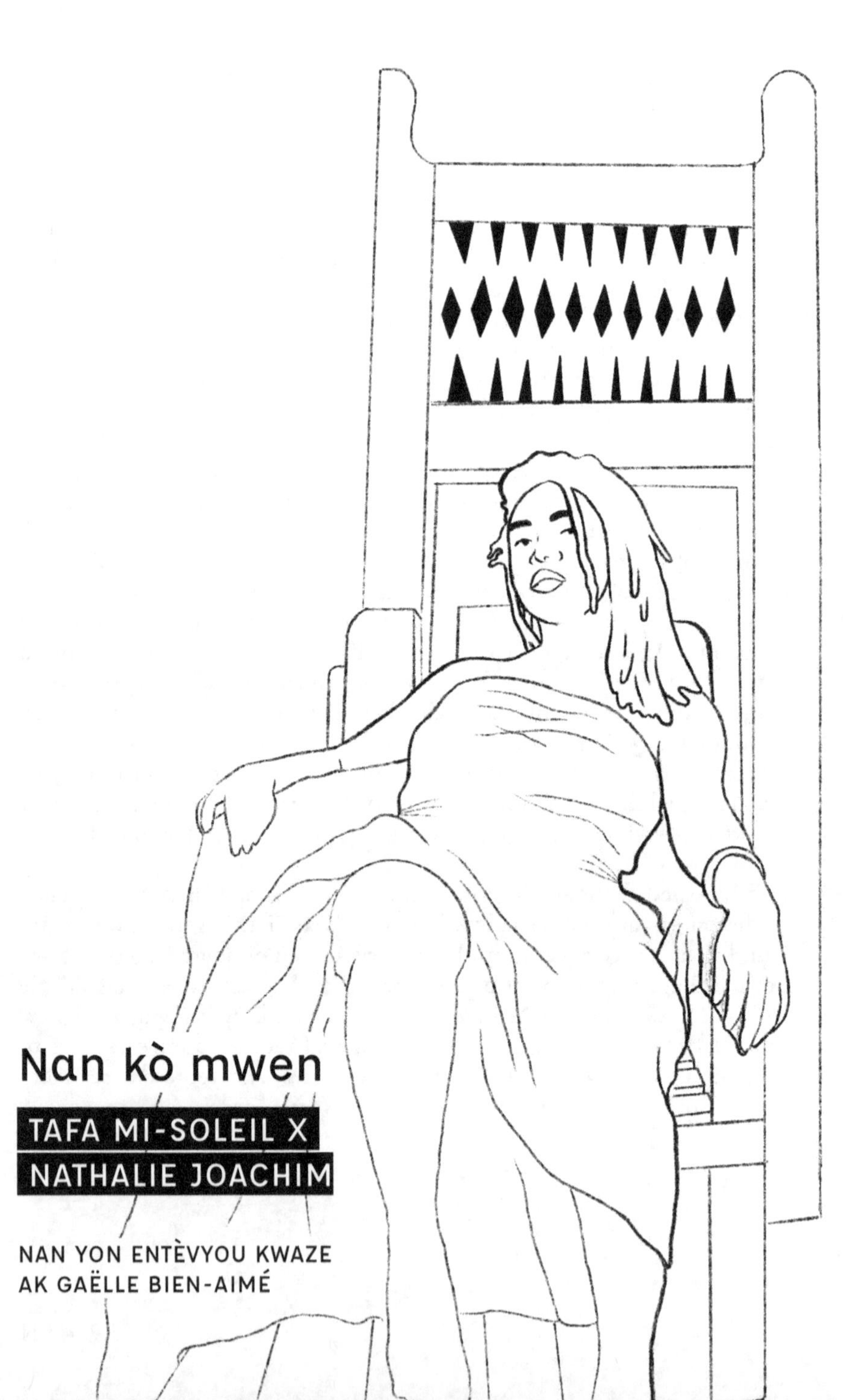

Nan kò mwen
TAFA MI-SOLEIL X NATHALIE JOACHIM
NAN YON ENTÈVYOU KWAZE AK GAËLLE BIEN-AIMÉ

In my body
TAFA MI-SOLEIL X
NATHALIE JOACHIM
CROSS INTERVIEW BY
GAËLLE BIEN-AIMÉ
TRANSLATED FROM
HAITIAN CREOLE BY
NADINE MONDESTIN

Nathalie Joachim se yon chantèz konpozitris. Li te nominen an 2019 pou premye albòm li "Fanm d'Ayiti" nan Grammy, nan kategori Best world music. Evenie Rose Thafaina Saint Louis, nou konnen sou non atis li Tafa Mi-Soleil se youn nan pi jenn chantèz ki fè siksè nan peyi a ak nan dyaspora a. Chak atis sa yo gen de albòm nan djakout yo. Yo gen kenz lanne ki separe yo. Inivè mizikal yo pa menm. Men rasin atizay yo plante nan nannan konviksyon yo konsa yo fredone gangans fanm yo.

Libe libè nan verite nou, n ap koute pou nou ka kreye.

Tafa Mi-Soleil- Mwen nan yon batay san kanpe pou m kreye sa m pi pito. Moun nan antouraj mwen souvan voye tè sou dife m. Jan y ap di mwen ki sa pou mwen fè sanble y ap akonpanye m, men, san mechanste, m plis viv li tankou yo pa fin kwè nan kreyativite m. Se tankou yon barikad yo mete sou wout mwen pou m ka pa rive nan verite m. An 2023 mwen soti « Lakou » ki fè siksè. Se dezyèm fwa mwen gen yon mizik ki fè bri konsa. De lane anvan sa, ekip mwen te genyen nan moman an te estime m paka ap chante mizik vodou, sa pa sanble m. Se nan gwo goumen m ap fè pwopozisyon mizikal ki ale nan liy mwen. Alòske, albòm mwen pran plis libète sou li a, piblik la louvri de bra l pou li resevwa l. Mwen p ap negosye libète sa ankò, m ap pwopoze mizik tankou « Etranje » sou albòm Phoenix la osnon « Pinga » sou albòm Reponn ki soti an 2021.

Nathalie Joachim- Mwen pa negosye otantisite m, kòm atis ni kòm moun. Premye albòm mwen, « Fanm d'Ayiti », fè m konprann sa. Anvan grann mwen mouri, li te di m pa pè rakonte istwa m, kote m sòti. Nou tou de te konn pase tan ansanm ap chante. Mwen te nan Juliard School kote m aprann jwe mizik klasik ki diferan de sa m te konn ap chante ak grann mwen. Lè m jwenn opòtinite fè yon albòm, mwen deside rantre Ayiti, ale andeyò kote fanmi m ap viv. Se la mwen dekouvri vwa fanm yo ki pa janm sispann pale. Koute pale yo, griyen dan yo, rakontay yo. Fanm yo ap pale pandan y ap pwòpte, fè manje, travay jaden. M dekouvri travay chantèz tankou Emerante De Pradines, Toto Bissainthe pou m site sila sa yo senpman. Konprann mizik medam sa yo marande ak anviwònman lakay mwen ki pote vwa fanm sa yo, te ede m dekouvri kilès mwen ye tout bon. Chantye premye albòm sa a te ban m laperèz paske se premye fwa m t ap tatonnen konsa pou m bouske idantite m. Mwen pa te konnen kijan moun ta pral resevwa pwojè a men m te klè sou sa, mwen vle charye tèt mwen ak tout sa m ye.

Nathalie Joachim is a singer songwriter. In 2019 her first album Fanm d'Ayiti was nominated for a Grammy in the World Music category. Evenie Rose Thafaina Saint Louis, known by her stage name Tafa Mi-Soleil, is one of the youngest vocalists to reach success in the country and in the diaspora. Each of these artists has released two albums. Despite a fifteen year age difference and distinct musical universes, the roots of their artistry are planted in their convictions to create and proclaim their strength as women.

Standing free in our truth, we listen so we can create.

Tafa Mi-Soleil - I am in a constant battle to make the art I want to make. People around me often throw dirt on my flames. The way they tell me what to do, they think they're supporting me, but - no offense - it feels more like they don't have faith in my creativity. It's like they put up a barricade on my path to keep me from reaching my truth. In 2023 I released "Lakou" which was a success. It was the second time one of my songs made such a splash. Two years prior, the team I had at the time thought I couldn't sing vodou music, that it didn't match my personality. I had to fight to make music that spoke to me. And in fact, audiences greeted with open arms the album I took the most freedom on. I won't budge on this creative freedom ever again, and I'll push for songs like "Etranje" from my album *Phoenix* or "Pinga" which appeared on *Reponn* in 2021.

Nathalie Joachim - My authenticity is never up for debate, whether as an artist or as a person. I understood this thanks to my first album *Fanm d'Ayiti*. Before my grandmother died, she told me not to be afraid to tell my story, where I come from. We both used to spend time singing together. I was at Juilliard where I learned to play classical music which is different from what I used to sing with my grandmother. When I got the opportunity to record an album I decided to go to Haiti, to the countryside where my family lives. There I discovered the voices of women who were never silent. I listened to their speech, their laughter, their stories. The women talk while cleaning, cooking, and farming. I discovered the work of singers such as Emerante de Pradines, Toto Bissainthe to name just a few. Understanding these women's music and my home environment that carried their voices helped me discover who I really am. I was fearful putting together this first album because it was the first time I was grappling with my identity. I didn't know how people would receive the work but I was clear about it: I wanted it to convey all of who I am.

Tafa Mi-Soleil- Rechèch nan pwosesis kreyasyon se yon fenèt ki louvri pou nou ka rive gade pi lwen. Mizik ki pi gran pase m yo se achiv, travay memwa ak referans pou mwen. Sèjousi, pou mwen ka rive bay direksyon atistik mwen yon lòt eskanp, mwen tande anpil ansyen mizik Ayisyen. Mwen enterese a yon estil pòp kreyòl e nan chache m tonbe sou travay Claudette ak Ti Pierre, mwen estime atis sa yo te annavans sou tan yo. Mizik ki pa nan tandans mwen, ki pa jenerasyon m, enspire m anpil epi ranfòse kilti mizikal mwen.

Nathalie Joachim- Depi w nan demach rechèch, sa vle di w ap koute. E istwa yon moun ka ede w konprann kontèks ak anviwonnman ki kale moun sa. Pou mwen te konprann Ayiti mwen te vin koute moun yo, fanm yo sitou. Gen yon liv ki te enspire demach mwen an, ki se " The warmth of the Suns: The great story or America's great Migration" ekriven Isabel Wilkerson ekri, kote l ap devwale detay istorik pandan l ap dekri istwa twa pèsonaj. Pou mwen kreye « Fanm d'Ayiti » sa te pran m de lane mache kontre pou m koute e sa te ede m konprann peyi a. Mwen pa te ko ekri yon tèks ni konpoze okenn mizik. Anrejistreman yon koral k ap chante nan yon ti legliz katolik bò lakay mwen, pral soti apre nan yon mizik, mwen pa te prevwa sa. Mwen t ap nouri tèt mwen jouk tan m rive akouche zèv sila kote enstriman mizik klasik ak son mwen tande andeyò lakay mwen bobo.

Reziste pou n egziste nan kò nou

Tafa Mi-Solèy - Nan endistri mizikal nou gen la, pou yon chantèz gen chans pou li reyisi, li dwe ap chante konpa epi abiye seksi. Yo pa ban m chwa, se swa yo timounize mwen oubyen yo ipèseksyalize m. Mwen renmen kale kò m, mete rad ki pa ka mete ak souvètman, mwen renmen sa. Men mwen pa fè sa paske yo di m se konsa m dwe prezante tèt mwen devan piblik la. Gen yon moun ki te di m pou jan mwen bèl ,mwen manke mete tèt mwen an valè. Mwen vle deside kijan epi a ki moman m ap deboulonnen sansyalite m. Mwen p ap vann mizik ak aspè sa nan mwen paske mwen oblije.

Nathalie Joachim- Menm si presyon sou aparans fanm diferan nan milye mizik klasik la, reyalite fanm nwa pa deboukante ak jan yo vle pou fanm mete kò l tou piti. Disparèt. Nan depatman enstitisyon kote m ap travay la, mwen se premye mizisyèn nwa ki rive nan nivo sa. Mwen konn santi moun yo pa vle m la, yo pa anvi tande sa mwen gen pou di non plis. M regrèt sa pou yo, depi m la y ap wè m e y ap tande m. Se pa enjonksyon pou n seksi osnon bèl nou gen senpman, yo fè n kwè nou pa ka mete tèt ansanm ak yon

Tafa Mi-Soleil - Researching creative processes opens a window that lets us look beyond. Music that came before me serves as an archive, memory work, and reference for me. Nowadays, in order to be able to take my creative ideas in a different direction, I listen to a lot of old Haitian music. I'm especially drawn to creole pop and this eventually led me to the work of Claudette and Ti Pierre, who I feel were ahead of their time. Music from styles and generations that aren't mine inspires me a lot and enriches my musical culture.

Nathalie Joachim - Being in the research phase means you're listening. And a person's story can help you understand the context and environment that birthed them. In order to understand Haiti, I came to listen to the people, especially the women. Isabel Wilkerson's *The Warmth of Other Suns: The Epic Story of America's Great Migration* inspired my process. In it, Wilkerson reveals historical details while recreating the story of three characters. I spent two years connecting and listening in order to create *Fanm d'Ayiti* and it helped me understand the country. I didn't write any lyrics or compose any music. The recording of a choir singing in a small Catholic church near my house would come out unexpectedly in a composition. I fed myself until I could birth this work where classical music instruments embraced the sounds I hear back home in the countryside.

Resist to exist in our body

Tafa Mi-Solèy - In our music industry today, female vocalists need to sing compas and dress sexy to succeed. They don't give me a choice - either I'm infantilized or hypersexualized. I like to wear revealing clothes and outfits that can't be worn with underwear. That's what I like. But I don't do it because I'm told that's how I should present to audiences. Someone told me I'm too beautiful to not highlight it the way I do. I want to decide how and when I'll flaunt my sensuality. I won't be forced to make it part of how I market my music.

Nathalie Joachim - Even if the pressure on women's appearance is different in the classical music milieu, Black women's reality weaves into how they want women to shrink themselves. Disappear. I'm the first Black person to reach such a high-level role in the institutional department where I work. Sometimes I feel like they don't want me there, and that they don't want to hear what I have to say either. Unfortunately for them, as long as I'm there,

fanm parèy nou. Mwen rive nan yon pwen, nan pale ak gason, mwen pa fè jefò pou jistifye mounite m ak konpetans mwen. Tan sa, mwen pito rasanble bon blòk mete nan miray nan kolabore ak fanm konsekan. Medam yo nan tout kò atizay mwen, se ak yo m fè ekip mwen.

Tafa Mi-Soleil- Fanm ki pran plas enspire m e banm fòs travay sou tèt mwen. Reprann kontwòl kò m ak entimite m se yon konba san kanpe, li fatigan. Moun ak movèz fwa pran plezi detounen revandiksyon feminis yo pou mezire emansipasyon nou pa rapò a jan nou mete kò n disponib pou yo. Grenn fwa mwen te nan yon travay sou kò, sa pa te gen anyen a wè ak seksyalite. Sete yon pèfòmans nan kad festival feminis NÈGÈS MAWON, apati tèks « Enjamber la flaque où se reflète l'enfer » powetès Souad Labbize. Kòm te zouti pou pote yon pawòl doulè ak twoma apre kadejak sou yon minè. Se penti sou kò m ki te kostim lan. Malerezman, lè yo pibliye foto pèfòmans lan sou rezo sosya yo, moun yo te plis mize sou kò m olye yo konsantre sou sijè kreyasyon an. Tout sa paske te gen yon moso tep ki te bouche pwent tete m yo ki te dekole. Men mwen gen pwojè k ap vini kote kò m ap potomitan zèv mwen. Zèv sa yo ap esplike jan mwen wè lanmou ak anvi. Kijan m wòklò, kijan m kase koub kite nòm yo, sa valab pou plezi m vle pran ak kò m tou.

Nathalie Joachim- « Nan kò mwen » se yon mizik ki sou dènye albòm mwen an ki rele "Ki moun ou ye". Mizik sa pa sou seksyalite men l ap di jan kò w gen memwa listwa lavi w. Li eksprime sa k ap pase anndan w e lè w alèz ak tèt ou sa rann ou seksi. Kite moun ou ye a egziste nan kò sa pandan ou santi w bèl, seksi. Danse, eksprime w nan atizay ak kò sa, se yon pouvwa. Sosyete n ap viv ladann nan vle fè fanm kwè seksyalite l pa pou li. M ap pran swen kò pa m nan, pou byennèt mwen. A karantan daj mwen se gwo lo a (i am the price).

they're gonna see me and hear me. It goes beyond the pressure to be sexy or beautiful, they make us believe that we're unable to collaborate with other women. I've reached the point where I no longer try to prove my humanity and competence when talking to men. I prefer instead to gather solid building blocks to lay the foundations for my collaborations with women of integrity. Women run through and through my art, they're my core team.

Tafa Mi-Soleil - Women who take up space inspire me and give me strength to work on myself. Regaining control of my body and my intimacy is a constant, tiring battle. People of bad faith enjoy co-opting feminist demands by measuring our emancipation in terms of how much we make our bodies available to them. The one time I was involved in a project on the body it had nothing to do with sexuality. It was a performance that took place during the NÈGÈS MAWON feminist festival, and was based on poet Souad Labbize's text "Enjamber la flaque où se reflète l'enfer" as a tool to give voice to the pain and trauma after the rape of a minor. My body paint was the costume. Unfortunately, when a picture of the performance was published on social media, people were more focused on my body than on the subject of the piece. All because one of the pieces covering my nipple came off. But I have projects coming up where my body will be at the center of my craft. These pieces will explore how I see love and desire. How I'm stubborn, how I break the mold and duck norms, which speaks for the pleasure I want to take in my body as well.

Nathalie Joachim - "Nan kò mwen" is a song from my latest album *Ki moun ou ye*. The song isn't about sexuality but speaks to how your body carries the memory of your life history. It expresses what's happening inside, and when you're comfortable with yourself it makes you sexy. Let who you are exist in this body while you feel beautiful, sexy. Dancing, expressing yourself through art and body, is a form of power. The society we live in wants to make women believe that their sexuality is not theirs. I will take care of my body for my well being. I'm forty years old and I'm the jackpot.

Pratik Teyori Feminis:
Ranmase sou Sik Fòmasyon nan
Etid Feminis, Jan ak Seksyalite

ANAÏSE HECTOR AK
DASHKA-RHEYNA CHARLEMAGNE

SE ANNE-DORIS LAPOMMERAY
KI TRADWI TÈKS SA
LANG SOUS: FRANSE

Feminist theories in praxis: a reflection on Nègès Mawon's Feminist, Gender, and Sexuality Studies Program

ANAÏSE HECTOR AND DASHKA-RHEYNA CHARLEMAGNE

TRANSLATED BY NADINE MONDESTIN FROM FRENCH

Nègès Mawon mete sou pye nan mwa dawout 2023 a, yon Sik Fòmasyon nan Etid Feminis, Jan ak Seksyalite. Seri entèvansyon sa yo te abòde diferan tematik ki gen pou wè ak batay feminis yo tankou kesyon ras, klas ak eritaj kolonyal nan pwodiksyon konesans yo. Seminè sa yo, ki te louvri a piblik la, te gen pou objektif entwodui analiz kritik sou jan ak seksyalite tankou yon konstriksyon sosyal ak yon apwòch entèdisiplinè. Konferans sa yo te fèt nan Pòtoprens ak Okap. Plis pase 200 moun, ki gen yon mwayèn 25 an daj, te enskri epi patisipe pou jwenn yon sètifika nan fen sik la. Te gen 81% pousan fanm ki te patisipe pami yo 77% te prezan sou plas. Fòk nou raple 93% patisipan yo ap viv ann Ayiti. Lè nou konsidere kontèks sosyal, politik ak kiltirèl peyi dAyiti a, ki plas difizyon ak fòmasyon teyori feminis lan genyen?

Sik la te derape ak ekriven pwofesè literati Yanick Lahens nan yon konferans sou :"Ayiti: Fanm ki ekri yo sòti lwen". Prezantasyon sila te chita prensipalman sou plas fanm ki ekri pandan syèk pase yo men tou sou jan yo wè fanm sa yo nan sosyete patriyakal la. Pandan li mete an relasyon sijè tankou relijyon, patriyaka ak entèseksyonalite, Yanick Lahens demontre kòman ekriti pèmèt rezistans kont envizibilizasyon sistematik fanm yo pandan listwa. Yanick Lahens mete an valè sa li di yo ak pawòl anpil ekriven fanm tankou Ida Faubert, Marie Vieux Chauvet, Edwidge Danticat, Jessica Nazaire…, ki fè plas yo nan mond literè a grasa estil ekriti yo men tou ak tèm yo chwazi ekri sou yo.

Fania Noël ki se yon sosyològ aktivis pale tou sou envizibilizasyon sila nan entèvansyon li sou:"Soti nan maj la rive nan sant lan: Teyori ak pratik Feminis Nwa nan kontèks minorite". Fania montre ki jan envizibilizasyon an tankou yon vyolans ideyolojiK ak konseptyèl dapre Bell Hooks. Nan yon analiz sou tèks Frederick Douglas yo, li pale jan yo fòje absans fanm Nwa yo. Danièle Magloire ki se sosyològ e ki kofondatè KayFanm, montre nosyon andosantris lan byen. Nosyon sa, se yon modèl panse, konsyan ou enkonsyan, ki wè mond lan sèlman oubyen an majè pati, dapre pwennvi moun sèks maskilen yo.

In August 2023 Nègès Mawon launched the Cycle de Formation en Études Féministes, de Genre et de Sexualité (CFEGES - Training Series in Feminist, Gender and Sexuality Studies). This series of interventions discussed different themes linked to feminist struggles such as questions of race, class, and colonial legacies in knowledge production. This series of publicly accessible training courses aimed to introduce critical analyses of gender and sexuality as social constructions via an interdisciplinary approach. The presentations took place in Port-au-Prince and Cap-Haitien. More than two hundred people (with an average age of 25) registered and participated in order to receive a certificate at the end of the training series. Of the 77% of participants who attended in person, 81% were women. Also of import: 93% of participants live in Haiti. Given the Haitian social, political and cultural context, what is the place of dissemination and training in feminist theory?

Writer and professor Yanick Lahens opened the cycle with her talk *"Haïti : les femmes qui écrivent viennent de loin"* (*"Haiti: where women who write come from far"*), which discussed the presence of women writers throughout Haitian history, and also how they were perceived by patriarchy. By interweaving themes such as religion, patriarchy, and intersectionality, she demonstrated how writing allows us to resist the systematic invisibilisation of women throughout history. Lahens showcased numerous examples among Haitian authors including Ida Faubert, Marie Vieux Chauvet, Edwige Danticat, Jessica Nazaire... , who have made a name for themselves in literature thanks to their powerful writing craft but also due to the themes they portrayed.

This invisibilization was also addressed by sociologist and Afrofeminist activist Fania Noël in her talk *"De la marge au centre : Théories et pratiques des féministes Noires en contexte minoritaire"* (*"From Margin to Center: Theories and practices of Black Feminists in Minority Contexts"*). Indeed, Fania demonstrates how bell hooks considered invisibilization to be a form of ideological and conceptual violence. She discusses the fabrication of the absence of Black women in her analysis of Frederick Douglass' works. Androcentrism, which is "this mode of thinking, conscious or not, consisting of looking at the world solely or mainly from the point of view of human males", which Danièle Magloire, sociologist and co-founder of KayFanm, addresses in the introduction to her talk on Haitian feminism, illustrates this concept quite well.

Si Yanick Lahens mete aksan sou patisipasyon fanm nan literati Ayisyen an, konferans Darline Alexis ki te sou "Ekriti vyolans seksyèl nan literati ak mizik popilè ayisyen an", pale sou jan yo abòde reprezantasyon vyolans seksyèl nan diferan zèv mizikal ak literè ann Ayiti. Reprezantasyon yo enpòtan paske yo pèmèt montre piblik la reyalite yo konnen oubyen yo pa konnen ditou pandan y ap ba yo kèk lòt pèspektiv. Nou ka wè sa nan liv Edwidge Danticat a ki rele Le cri de l'oiseau rouge, kote esans istwa a chita sou yon tradisyon nou genyen ann Ayiti ki se tate tifi, e li montre jan pratik sa lakòz de twomatis kriyèl.

Lè Fania Noël abòde tèm enpòtan ki konsène fanm ak minorite Nwa an Ewòp de Lwès ak Amerik Dinò, li devlope yon latriye nosyon pami yo, nosyon dyaspora a ki gen 2 gran fanmi. Dyaspora istorik la ki gen ladann kominote Afwo Ameriken ki Etazini yo, moun Nwa ki Kolonbi yo ak peyi tankou Ayiti ak Jamayik. Dyaspora jewografik la li menm gen kominote ki fòme apati mouvman migratwa apre dekolonizasyon, pa egzanp yon bon pati nan kominote Nwa ki Lafrans (andeyò Antiy Franse yo).

Yon bò Fania Noël konsantre li sou Feminis Nwa ki pote chapo 2 minorite (ras ak jan), yon lòt bò, Danièle Magloire te konsantre sou ," Sosyo-istwa mouvman feminis ayisyen an, sou jan mouvman feminis ayisyen an evolye" nan seminè li a. Li fè yon ranmase sou listwa premye regwoupman feminis ki te òganize: Lig feminen aksyon sosyal, ak tout revandikasyon, aksyon ak represyon diktati Duvalier a te fè sou yo pou bout nan mouvman feminis la ki tounen nan lanne 1986 ak mach 3 avril la, lè rejim diktati a tonbe.

Konsa, pa rapò ak feminis Nwa, Ayiti sitiye l nan dyaspora istorik Afrik la ki pa nan yon sitiyasyon minoritè kontrèman ak Etazini pa egzanp. Rasyalizasyon jan ak mizojini nwa a toujou konsiderab lè nou wè jan koloris la ye nan kominote ki gen plis moun nwa yo.

Fania Noël trete plizyè konsèp tankou politik idantite The Combaheer River Collective defini an, entèseksyonalite dapre Kimberly Krenshaw ak aketip nòmatif Patricia Hill Collins dekri yo. Aketip yo itilize pou yo ka wè fanm yo se: sèvant lan, matriyach la, manman ki gen asistans lan ak Jezebèl la. Premye a, sèvant lan, li vreman pi prezan nan peyi rich yo e li konkrè ak lòt karakteristik jan Rose-Myrlie Joseph montre sa nan seminè "Sosyoloji travay envizib" la ki te fèt Okap nan mwa janvye a.

Where Yanick Lahens highlighted women's participation in Haitian literature, Darline Alexis' lecture, *"Écritures des violences sexuelles dans la littérature et la musique populaire haïtienne"* ("Writings of sexual violence in Haitian literature and popular music") addressed representations of sexual violence in different Haitian musical and literary works. Indeed, representation is important because it makes certain realities accessible to a general audience, realities of which they could not be aware of, while sometimes offering new perspectives. An example of this is Edwidge Danticat's novel *Breath, Eyes, Memory* which places the Haitian tradition of virginity testing *(tate tifi)* at the heart of the narrative and shows the atrociously traumatic effects of the practice.

Addressing crucial themes concerning Black women and gender minorities in Western Europe and North America, Fania Noël expanded on a range of concepts discussing the historic and geographic diaspora.

The historical diaspora stemming from the slave trade can be linked to the context of the emergence of Haitian feminism that Danièle Magloire addresses in her presentation *"Socio-histoire du mouvement féministe haïtien"* ("Socio-history of the Haitian Feminist Movement"), where she discusses the emergence of the formal Haitian feminist movement. She retraces the history of the first organized feminist group: *La ligue féminine d'action sociale* (The Feminine League for Social Action), chronicling their demands, their actions, the strong repression exercised by the Duvalierist dictatorship, and finishing with the resurgence of the feminist movement in 1986 illustrated by the April 3 march following the end of the dictatorial regime.

Thus, in relation to Black Feminism, Haiti is located in the historic African diaspora in a non-minority situation, unlike the United States for example. The racialization of gender and misogynoir remain no less important given colorism in predominantly Black communities.

Fania Noël also addressed various themes including identity politics as defined by The Combahee River Collective, intersectionality as viewed by Kimberly Krenshaw and normative archetypes described by Patricia Hill Collins. These archetypes through which Black women are perceived include: the Mammy/maid, the Matriarch, the Welfare Mother, and the Jezebel. The first archetype, that of the maid, is amply manifest in the countries of the Global North and is visible in sociologist Rose Myrlie Joseph's lecture *"Sociologie du travail invisible"* ("The Sociology of Invisible Work").

Rose-Myrlie Joseph prezante nan konferans sila konsèp "chenn swen an" kote fanm ki pòv yo, kite pwovens yo kote yo te rete yo pou yo ale travay kay fanm ki gen plis mwayen lavil; fanm ki gen lajan sa yo e ki gen aksè pou yo migre nan peyi etranje, vin tounen nounou oubyen sèvant nan peyi rich yo. Lide domestik fidèl e ki aseksye ki ap pran swen fanmi blan yo, montre jan prezans aketip nounou an ap grandi nan chenn swen an. Chema envizibilite a, kote absans gason yo fò anpil, demontre jan sistèm kapitalis ak patriyaka a eksplwate fanm sa yo. Danièle Magloire konsidere kontèks ayisyen an pou li pale tou sou sitiyasyon pèsonèl domestik yo e feminis ayisyen yo te goumen pou yo. Yo batay pou leta kreye yon lwa sou sitiyasyon moun ki fè travay domestik yo pou lalwa ka rekonèt travay yo. An 2009, gen yon lwa ki vote sou sa men ki pa janm pibliye.

Medam ki entèvni yo konprann nesesite pou fòme nouvo jenerasyon yo sou sijè feminis yo pandan y ap pwodui rechèch, nan sans sa , yo bay yon travay de kalite ki gen de referans enpòtan. Kote Yanick Lahens panche l sou patisipasyon fanm nan literati, Darline Alexis li menm, eksplore reprezantasyon vyolans seksyèl nan literati ak mizik popilè. Fania Noël mete aksan sou defi lit feminis Nwa yo epi Danièle Magloire esplike jan mouvman feminis Ayisyen an pran chè. Sou bò pa Rose-Myrlie Joseph, konferans li yo te pèmèt gen echanj ak jèn ki vle aprann sou feminis an patan de konesans yo ak entèwogasyon yo te deja genyen.

Dapre lenpresyon nou jwenn bò kote patisipan yo, seminè sa yo te pèmèt yo apwonfondi konesans yo sou feminis epi sitou konprann enpòtans mouvman an nan kontèks ayisyen an. Twaka nan moun nou te poze kestyon yo di yo pèsevwa feminism lan yon lòt jan pa rapò ak lide yo te genyen. " Mwen aprann feminis pa yon kouran pou rayi gason, feminis yo gen rezon gen kòlè ak fristrasyon sa yo". Anpil nan medam yo di, yo jwenn asirans nan pozisyon feminis yo e yo santi nesesite pou fòme tèt yo plis pou yo ka mennen batay la.

Joseph's talk expanded on her concept of the "chain of care," according to which poor women leave rural areas to work for upper class urban women; the latter in turn migrating abroad to serve as nannies or housecleaners in developed countries. This idea of the loyal, asexual servant caring for white families illustrates the heightened presence of the mammy archetype in the chain of care. This invisible mechanism, where men's absence is glaring, demonstrates the exploitation of these women by capitalism and patriarchy. Taking into account the Haitian context, Danièle Magloire also discusses the situation of domestic workers for whom Haitian feminists fought. Indeed, they lobbied the Haitian state to pass legislation that would recognize these women as workers under the law. A law was passed to this effect in 2009, but was never enacted.

Sensitive to the need to train new generations in feminist thought and research, the speakers shared qualitative work supported by key sources. While Yanick Lahens shed new light on women's literary work, Darline Alexis explored representations of sexual violence in literature as well as in popular music. Fania Noel demonstrated the issues at stake in Black feminist struggles and Daniel Magloire highlighted the Haitian feminist movement. Rose Myrlie Joseph's lectures were a space to interact with young people eager to learn about feminism, while integrating their ideas and prior experiences on the topic. Also hosting her talks in Cap-Haitien contributed to decentralizing knowledge and bringing it closer to regional actors.

What remains of these conferences? What was the result? According to comments from participants, these courses helped deepen their knowledge of feminism and above all understand the movement's importance in the Haitian context. One participant admitted to having reservations, but all the people interviewed say their perception of feminism shifted compared to the preconceived ideas they had. "I learned that feminism is not about hating men, that the anger and frustration of feminist women are justified," one woman shared. Stereotypes of feminism being an imported ideology and unaligned with Haitian culture were also addressed. Many women participants said they felt strengthened in their feminist ideas and expressed the need for further training in order to continue the struggle.

Si tout kòmantè sa yo montre enpak lide feminis la, li enteresan tou pou nou montre jan kèk pami gason ki te prezan yo rete mefyan. Nan moman echanj ant piblik ak entèvenan yo, jan kesyon mesye yo te fòmile a ou te ka wè yon santiman siperyorite ki blese menm jan Virginia Woolf (1929) di l nan Une chambre à soi. Mainsplaining lan pran plizyè fòm: ton kondesandan ak patènalis, esplikasyon ki souvan pa kòrèk sou konsèp medam ki entèvni yo metrize e gen ekspètiz nan yo, de kòmantè pou destabilize oubyen demanti konferansyè a sou pwòp eksperyans pa li.

Defi pwodiksyon, difizyon ak fòmasyon sou teyori feminis yo enpòtan. Nan yon peyi kote angajman politik lè w pa nan yon pati elektoral souvan egal a majinalizasyon sosyal ak danje, bay feminis lan jarèt se redui pri sosyal lit la pou feminis ak fanm yo. Sou yon plan pèsonèl, se yon nesesite pou nou devlope yon lespri kritik pou nou enstwi tèt nou, konsa nou p ap bay opresyon patriyakal la ralonj.

While these comments show the impact of feminist thought, there was another interesting observation: men's defiant attitudes. Indeed, during discussions between the public and the speakers, the tenor of men's questions pointed to feelings of challenged superiority that Virginia Woolf (1929) speaks of in *A Room of One's Own*. Mansplaining was displayed in all its forms: condescending and paternalistic tones, explanation (often erroneous) of concepts that the speakers were very well versed in as experts on the matter, comments seeking to destabilize or contradict the speaker on her own experiences.

Production, dissemination and training in feminist theory is crucial. In a society where women's rights are never a given and where the struggle for the liberation of women's voices is perpetual, it is imperative that as many people as possible have access to feminist theory. This strengthens the movement's cohesion, facilitates dialogue, and reduces the social cost of being a feminist. Also, living within a patriarchal system, it is essential to develop critical thinking in order to exercise self-accountability, so as not to automatically reproduce patterns that perpetuate oppression. It is important to understand that the struggle also involves the production and dissemination of this knowledge. It strengthens and allows new people to support feminist ideas, while brightening an otherwise somber sky in terms of expanding and continuing the struggle.

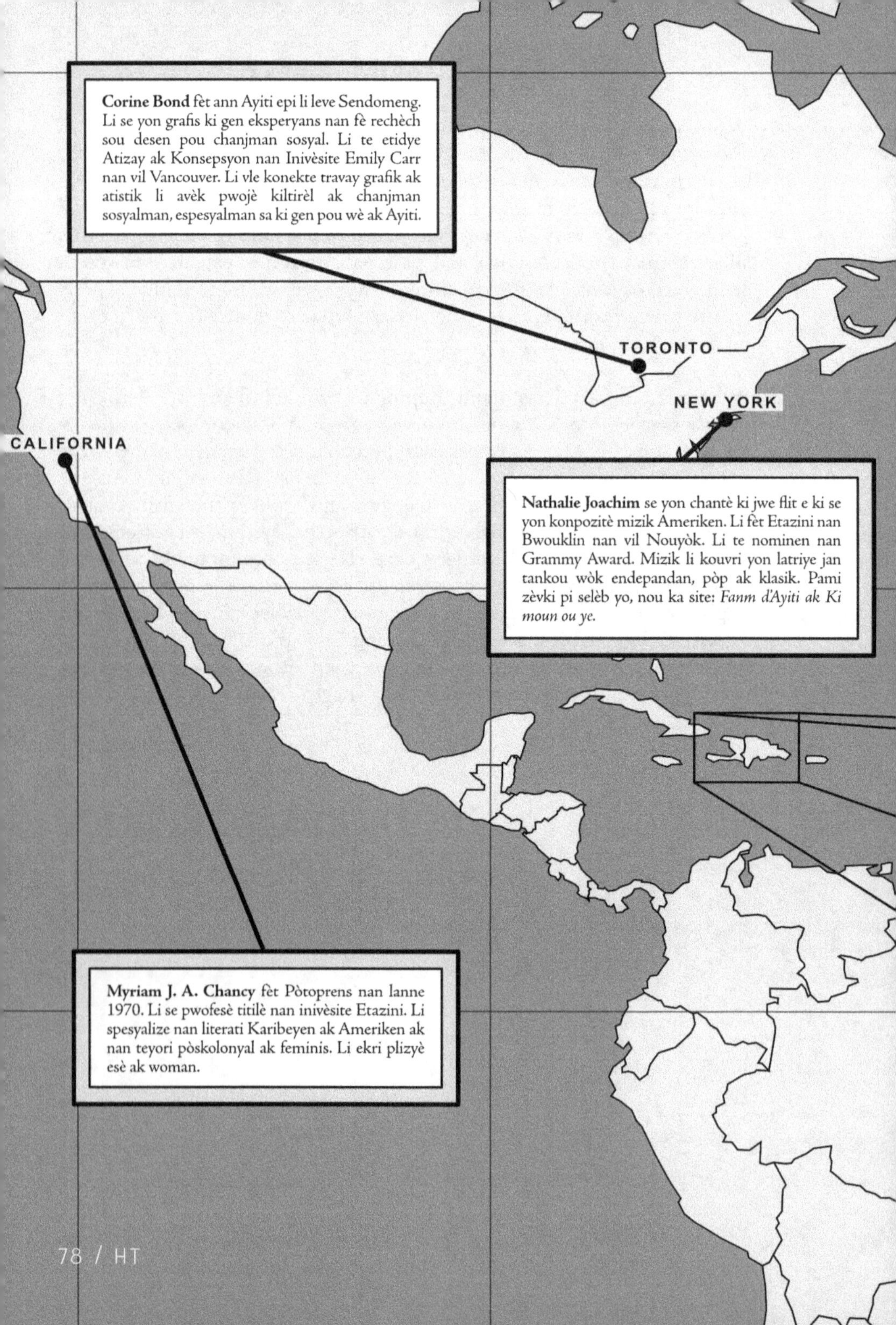

Corine Bond fèt ann Ayiti epi li leve Sendomeng. Li se yon grafis ki gen eksperyans nan fè rechèch sou desen pou chanjman sosyal. Li te etidye Atizay ak Konsepsyon nan Inivèsite Emily Carr nan vil Vancouver. Li vle konekte travay grafik ak atistik li avèk pwojè kiltirèl ak chanjman sosyalman, espesyalman sa ki gen pou wè ak Ayiti.

TORONTO

NEW YORK

CALIFORNIA

Nathalie Joachim se yon chantè ki jwe flit e ki se yon konpozitè mizik Ameriken. Li fèt Etazini nan Bwouklin nan vil Nouyòk. Li te nominen nan Grammy Award. Mizik li kouvri yon latriye jan tankou wòk endepandan, pòp ak klasik. Pami zèvki pi selèb yo, nou ka site: Fanm d'Ayiti ak Ki moun ou ye.

Myriam J. A. Chancy fèt Pòtoprens nan lanne 1970. Li se pwofesè titilè nan inivèsite Etazini. Li spesyalize nan literati Karibeyen ak Ameriken ak nan teyori pòskolonyal ak feminis. Li ekri plizyè esè ak woman.

Mélissa Paultre tonbe damou mo yo lè li te gen sèt lanne, pandan li t ap dekouvri pouvwa yo nan premye liv li ki se *Les Malheurs* de Sophie. Ane apre yo, mo yo vin montre pouvwa liberatè yo genyen lè li lage tèt li nan powèm li yo pou li te ka fè fas kare ak dekòtike gwo santiman ki debalanse nan moman adolesans. Jounen jodi a, lekti ak ekriti toujou rete yon bò nan pèsonalite li ki pa janm chanje.

Thara Layna Marucheka Saint Hilaire se yon journal, militan feminis ki madivin. Li ap mennen yon gwo batay kòm militan dwa moun, dwa fanm ak sou kestyon queer ak trans. Kòm jounalis, li ititlize plim li pou mete limyè sou risk popilasyon majinalize yo ap fè fas. Li se kowòdonatris jeneral òganizasyon feminis Gran Jipon ki ap milite pou egalite jan ak jistis sosyal.

Tafa Mi-Soleil se yon dizaynè, stilis, atis pent ak chantè Ayisyen. Nou dekouvri l ak mizik ki rele *Mizik* sove vi m, apre sa, li soti premye albòm li ki rele *Phoenix* nan lanne 2023.

Andrise Pierre se yon otè dramatik, feminis ki gen pri SACD pou dramatiji frankofòn an 2020 e li te envite donè Festival teyat En Lisant an 2022. Literati, istwa, patrimwàn ak idantite se sa yo ki nan kè travay atistik li. Li diplome nan lèt modèn e li se pwofesè ak manb Kolektif Otè dramatik Ayisyen. Travay rechèch li ak entèvansyon li fè chita sou memwa kolonyal, diktati ann Ayiti ak migrasyon.

Micaëlle Charles se yon komedyen blogèz, otè tou e ki ap etidye dwa. Li se kowòdonatris chez Mika BBF, yon platfòm an liy ki pale sou feminis ak atizay nan yon pèspektiv feminis.

Ruth Dharwina Valmyr gen 26 lane, Li fèt epi grandi Okap. L ap etidye relasyon entènasyonal nan Inivèsite Quisqueya. Li se yon pasyone atizay. Li renmen ekri, chante, slame menm si li pa pratike yo. Li se yon feminis aktivis.

Setzelpeyi se yon patfom medya dijital k ap kreye kontni orijinal sou idantite, feminite ak seksyalite depi lane 2019.

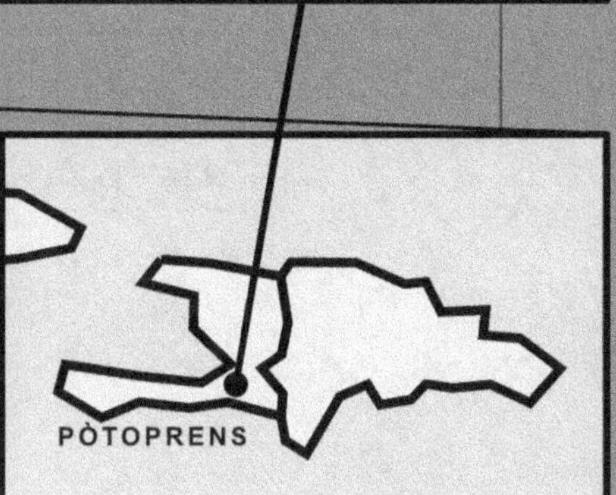

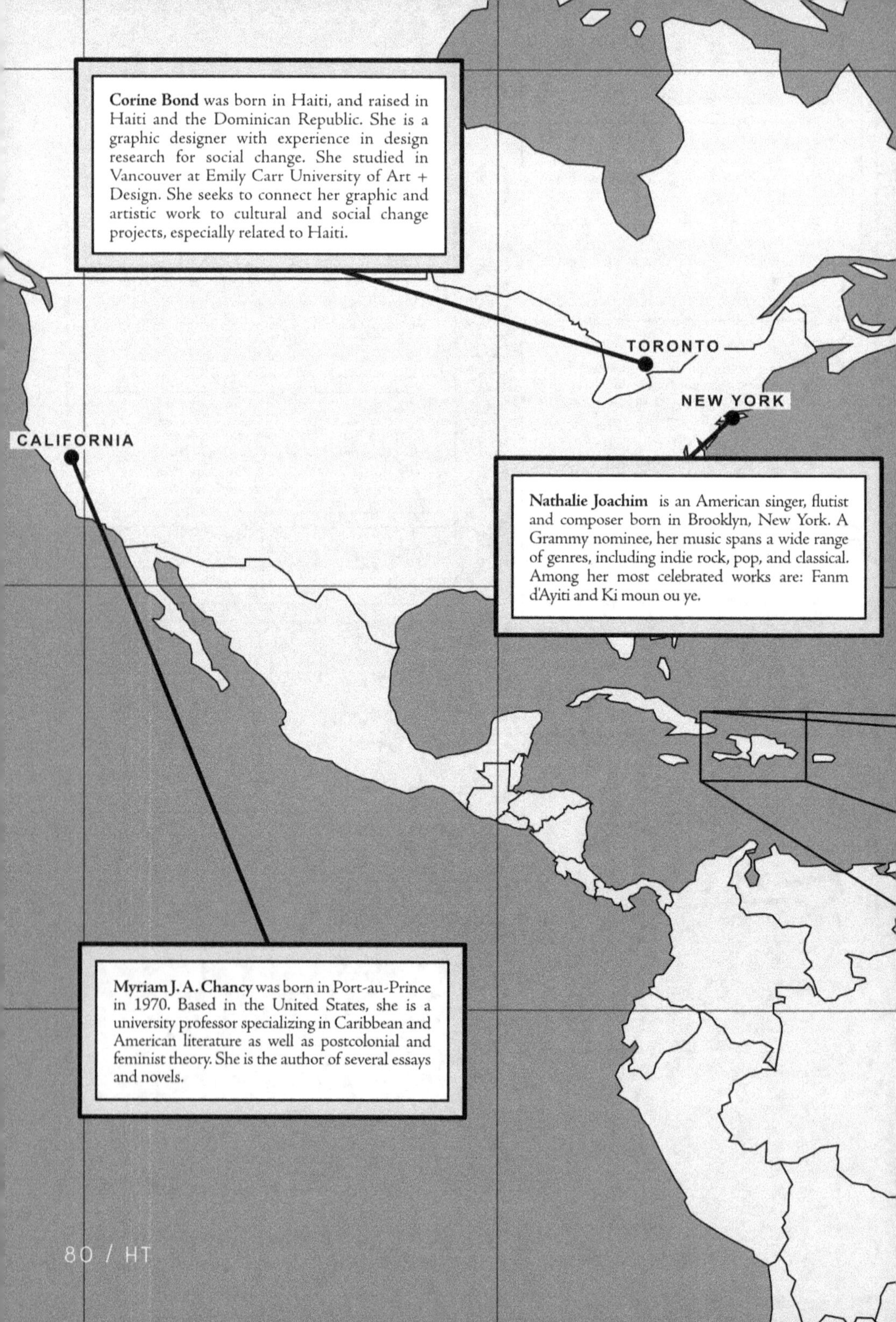

Corine Bond was born in Haiti, and raised in Haiti and the Dominican Republic. She is a graphic designer with experience in design research for social change. She studied in Vancouver at Emily Carr University of Art + Design. She seeks to connect her graphic and artistic work to cultural and social change projects, especially related to Haiti.

TORONTO

NEW YORK

CALIFORNIA

Nathalie Joachim is an American singer, flutist and composer born in Brooklyn, New York. A Grammy nominee, her music spans a wide range of genres, including indie rock, pop, and classical. Among her most celebrated works are: Fanm d'Ayiti and Ki moun ou ye.

Myriam J. A. Chancy was born in Port-au-Prince in 1970. Based in the United States, she is a university professor specializing in Caribbean and American literature as well as postcolonial and feminist theory. She is the author of several essays and novels.

Mélissa Paultre was seven when she fell in love with words. She discovered their power in her very first book, *Les Malheurs de Sophie*. In the years that followed, words revealed their healing power as she sought comfort in her poetry to confront and make sense of the strong and often confusing feelings of adolescence. Today, reading and writing are still indispensable parts of her personality.

Thara Layna Marucheka Saint Hilaire is a journalist and lesbian feminist activist. As an activist, she strives for human rights, women's rights, and queer and trans issues. In her work as a journalist, she uses her pen to amplify the crucial issues facing marginalized populations. She is also the general coordinator of the feminist organization Gran Jipon, which advocates for gender equality and social justice.

Tafa Mi-Soleil is a Haitian designer, stylist, painter and singer. She came into the scene with her organically popular song, Mizik sove vi m. In 2023, she released her first album entitled Phoenix.

Andrise Pierre is a playwright and feminist. She was the 2020 winner of the SACD prize for Francophone dramaturgy and was the guest of honor at the En Lisant Theater Festival in 2022. Literature, history, heritage, and identity are at the heart of her artistic work. A graduate of modern literature, she is a teacher and member of the Collective of Haitian Drama Authors. Her research, as well as her occasional interventions, focus on colonial memory, the dictatorship in Haiti and migration.

Micaëlle Charles is an actress, blogger, author and law student. She is also a coordinator at Mika BBF, an online platform that covers feminist topics, more specifically, art through a feminist perspective.

Ruth Dharwina VALMYR is 26 years old; she was born and raised in Okap, Haiti. She is currently studying International Relations at the Univeristy of Quisqueya. She is a passionate artist. She loves song writing and slam poetry, although she does not perform them. She is also a feminist activist.

Setzelpeyi se yon patfom medya dijital k ap kreye kontni orijinal sou idantite, feminite ak seksyalite depi lane 2019.

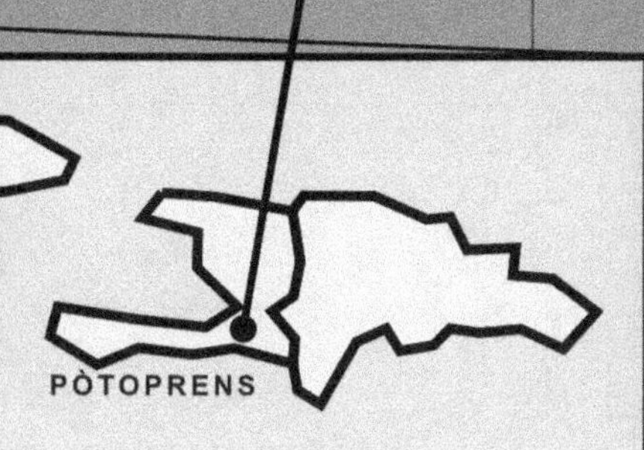

Oganizasyon kite pote boure Alaso avè n
Acknowledgment to our partners and supporters

Marijàn (Ayiti)

Solidarite Fanm Ayisyèn - SOFA (Ayiti)

JAMA (Sénégal)

Black Feminist Fund

Librairie Racines (Canada)

Rede de mulheres negras de Pernambuco (Brasil)

Mwasi-Collectif Afroféministe (France)

Sawtche Collectif-Afroféministe (France)

Kinfolk Network (United Kingdom)

Haiti Cultural Exchange (U.S.A)

Black Feminist Future (U.S.A)

Black Women Radicals (U.S.A)

Kouvèti / Cover
Corine Bond

Konsepsyon e grafis / Concept & Graphic Design
Corine Bond
Dezay Studio

Ekriti / Typefaces
Adobe Jenson Pro

Affogato

Enprimè / Printer
Spektar
7, Heidelberg Str., Drujba 2
1582 Sofia, Bulgaria

Kontak / Contact
negesmawon@gmail.com
Twitter/Instagram : @neges_mawon

Alaso #5
Pibliye 18 Novanm 2024, Pòtoprens, Ayiti
Published November 18th, 2024 à Port-au-Prince, Haïti

Legal deposit
Bibliothèque National d'Haïti

ISBN 979-8-218-53890-3

Edited by

Nègès Mawon

23, Avenue des Marguerites

Port-au-Prince, Haïti

500HTG

10 US$

9 €

14 CAD